Le Mur de Fer

Le Mur de Fer

Les Arabes et nous

Photo de couverture :

Courtesy of the Jabotinsky Institute in Israel

Vladimir Jabotinsky

Le Mur de Fer

Les Arabes et nous

© 2022 Pierre Lurçat pour la traduction française

Édition : BoD – Books on Demand,
info@bod.fr
Impression : BoD – Books on Demand, In
de Tarpen 42, Norderstedt (Allemagne)
Impression à la demande

ISBN : 978-2-3224-4036-8

Dépôt légal : Septembre 2022

À Sarah et Tom

PRÉAMBULE

Dans un livre de souvenirs récemment publié en Israël, l'historienne Anita Shapira évoque une sorte de "*cécité aux couleurs, répandue dans une grande partie du public israélien, qui permet de nier le fait que notre venue en Eretz-Israël, sans la moindre intention de déposséder les Arabes, et uniquement dans le but d'y édifier un pays juif, était du point de vue arabe un acte d'agression*[1] ». Que l'on partage ou non cette analyse, force est de constater que, s'il est un penseur et dirigeant sioniste qui n'a jamais succombé à ce travers, c'est bien Vladimir Jabotinsky. Ce dernier n'a en effet jamais pensé que la terre d'Israël était une « terre sans peuple pour un peuple sans terre », selon l'expression bien connue, attribuée à Israël Zangwill.

Bien au contraire, comme il ressort sans ambiguïté des textes qu'on lira ci-après, le fondateur de l'aile droite du mouvement sioniste a adopté très tôt une position lucide sur la question arabe et sur les relations entre le sionisme et les habitants arabes en terre d'Israël (Eretz-Israël) – position qu'on pourrait définir comme une clairvoyance désabusée, ou comme un réalisme pragmatique – associés à un profond

---

[1] Anita Shapira, *My Story, Memories*, Am Oved 2022 [hébreu].

respect pour la nation arabe. Contrairement à beaucoup de penseurs sionistes socialistes, qui n'envisageaient le problème judéo-arabe qu'à travers les lunettes déformantes de l'idéologie marxiste et de la « lutte des classes », Jabotinsky a de son côté d'emblée défini celui-ci comme un affrontement entre deux revendications nationales et il n'a jamais dévié de cette position.

Mais il a dans le même temps rejeté avec vigueur toute idée d'un partage territorial fondé sur l'égalité supposée des deux revendications. Cette apparente contradiction – reconnaissance de la revendication nationale arabe dans son principe et rejet de celle-ci sur le terrain – a donné lieu à de nombreux contresens sur la pensée politique de Jabotinsky, qui sont dus parfois à l'ignorance, parfois à des visées polémiques. Il a ainsi été tantôt présenté comme le partisan d'un nationalisme exclusif et radical, tantôt comme celui d'un compromis territorial, voire d'un État binational[2].

En réalité, les conceptions de Jabotinsky sur le conflit judéo-arabe en Eretz-Israël et sur la validité des revendications nationales arabes sont marquées par une

---

[2] Pour un exemple récent de présentation "progressiste" de Jabotinsky, voir le texte de la députée Einat Wilf, Israeli-Arab MK Mansour Abbas is What Zionism Intended | State of Tel Aviv

logique implacable et exemptes de tout dogmatisme. Il en a exprimé la quintessence dans les premières lignes de son fameux article « À propos du mur de fer », où il explique que [la paix] « *ne dépend pas de notre attitude envers les Arabes, mais uniquement de l'attitude des Arabes envers le sionisme* ». En d'autres termes, la question d'un règlement pacifique du conflit (qui se pose jusqu'à nos jours dans des termes qui n'ont pas fondamentalement évolué) dépend essentiellement de l'attitude arabe.

Jabotinsky a développé ses arguments sur ce point crucial en ayant principalement à l'esprit les idées des membres du Brith-Shalom – petit cercle d'intellectuels juifs allemands pacifistes, qui avaient dès l'époque imprimé de leur marque le débat interne au *Yishouv* (la collectivité nationale juive en Eretz-Israël avant 1948) – dont il fut le principal adversaire idéologique. Dès les années 1920, en effet, le pacifisme juif bénéficie d'une aura sans rapport avec le poids politique de ses partisans. Comme l'exprime Jabotinsky, au lendemain des terribles pogromes de 1929, s'adressant aux pacifistes au sein du *Yishouv* : « *Comment se fait-il que vous ne prêchiez vos conceptions que parmi les Juifs ?*[3] » Les critiques formulées à l'encontre des membres du Brith-Shalom visent en particulier les conceptions de Martin Buber, qui a exprimé le credo pacifiste devant le 12e Congrès sioniste, réuni à Berlin en 1921, en les termes suivants :

---

[3] Voir ci-dessous, "La paix - Réponse à nos pacifistes".

« Le peuple juif, minorité violentée depuis deux mille ans dans toutes les contrées, se détourne avec horreur des méthodes du nationalisme dominateur dont il a été si longtemps la victime. Ce n'est pas pour chasser ou pour dominer un autre peuple que nous aspirons à retourner dans le pays auquel nous sommes attachés par des liens historiques et spirituels indestructibles[4] ». C'est précisément contre cette forme d'argumentation – qu'on retrouve inchangée jusqu'à nos jours dans le débat politique israélien[5] – que Jabotinsky a élaboré la conception du « Mur de fer ». Celle-ci peut être résumée succinctement ainsi : la revendication nationale arabe est certes fondée, mais la revendication juive l'est plus encore. Ou pour le dire en d'autres termes, il y a certes deux peuples en Eretz-Israël, mais ce fait indéniable ne signifie pas qu'ils jouissent de droits égaux. « Deux peuples sur une terre » n'a pas pour corollaire « une terre pour deux peuples », car il ne faut pas confondre les droits civiques et individuels et les droits nationaux. Comme il l'explique dans un article publié en 1916, sous le titre « Sionisme et morale »[6] :

---

[4] M. Buber, proposition de résolution sur la question arabe, 1921, repris dans *Une terre et deux peuples*, Paris, Lieu commun 1985.

[5] J'ai abordé le sujet de l'idéologie pacifiste israélienne depuis Buber jusqu'à nos jours dans mon livre *La trahison des clercs d'Israël*, La Maison d'édition 2016.

[6] Traduit depuis la version en hébreu publiée par Yossef Nedava, *Jabotinsky, l'homme et sa pensée* [hébreu]. Article paru

« *Des tribus arabophones peuplent la Syrie, la péninsule arabe, la Haute Mésopotamie, le Yémen, l'Arabie, l'Egypte, Tripoli, la Tunisie, l'Algérie et le Maroc. Dans ce territoire, dont la superficie (péninsule arabe exceptée) est aussi grande que celle de l'Europe tout entière (la Russie exceptée), et qui suffit à nourrir un milliard de personnes, s'est généreusement établie une ethnie comptant 35 millions d'âmes. De l'autre côté, il y a le peuple Juif, pourchassé et privé de patrie, qui n'a pas un coin à lui dans le monde entier ; c'est lui qui a fait la réputation d'Eretz-Israël dans l'histoire universelle, tout ce qu'elle renferme de beau, et toute fonction surhumaine que cette terre a remplie, tout cela était le fruit de l'esprit du peuple Juif. Eretz-Israël ne représente qu'un pour cent de l'immense territoire habité par le peuple arabe* ».

Dans le même article, Jabotinsky écrit encore ces lignes prémonitoires : « *le peuple Juif ne saurait abandonner le terrain des droits dans ses revendications. Nous nous tenons sur ce terrain lorsque nous réclamons au monde qu'il nous donne la terre de notre avenir, au nom de toute notre histoire et au nom des souffrances que nous avons endurées, au nom de la faute incommensurable commise à notre endroit qui pèse sur la conscience du monde* ». Comme d'autres penseurs et théoriciens du sionisme, il a eu la prescience de la Shoah, contre laquelle il a mis en garde les Juifs de Pologne dans les

---

initialement en yiddish dans le journal *Die Tribune*, Copenhague, 10 mai 1916.

années 1930, affirmant notamment : « *Nous vivons au bord de l'abîme, à la veille de la catastrophe ultime pour le ghetto mondial*[7] ».

Ainsi, aux yeux du fondateur de l'aile droite du sionisme politique, la revendication juive sur la terre d'Israël ne repose pas seulement sur des droits bibliques (qui sont largement absents de ses textes) ou historiques, mais également sur un argument moral[8]. C'est précisément en tant que partisan d'un sionisme fondé sur des arguments moraux et politiques que Jabotinsky rejette avec vigueur la prétention exclusivement morale des pacifistes de son époque, qui « prêchent la morale aux Juifs uniquement[9] » et qui font entièrement abstraction de l'attitude arabe et du refus arabe de toute coexistence. A cet égard, les textes qu'on lira ci-dessous demeurent d'une brûlante actualité.

Des bataillons juifs à la Haganah à Jérusalem

L'apport essentiel de Jabotinsky au sionisme est étroitement lié à la notion de « Mur de fer ». Héritier et continuateur d'Herzl, il a en effet ajouté à la pensée du « Visionnaire de l'État » la dimension militaire et stratégique, absente de la réflexion du fondateur du mouvement sioniste,

---

[7] Discours d'ouverture du Congrès fondateur de la Nouvelle Organisation sioniste, Vienne 1935.

[8] Un prochain recueil de la bibliothèque sioniste abordera le thème du sionisme et de la morale.

[9] Voir ci-dessous, "La paix ou réponse à nos pacifistes".

laquelle était marquée par l'optimisme caractéristique de son temps. Cette dimension constitue en effet à ses yeux un élément indispensable pour que le sionisme puisse devenir une force politique sur la scène internationale. Citons-le : pour placer le sionisme « *en première ligne, parmi les problèmes auxquels le monde était capable de s'intéresser* » et pour que les grandes puissances « *puissent le voir, à travers leurs lunettes militaires, il fallait lui ajouter une pointe "réelle" - ou, en d'autres termes : une baïonnette...*"[10].

Pourtant la dimension militaire et sécuritaire ne procède nullement, dans l'esprit de Jabotinsky, d'un quelconque « amour de l'uniforme » ou d'un prétendu militarisme, totalement absent chez lui (il avait même été pacifiste dans sa jeunesse). Ce sont – sur ce sujet comme sur d'autres – les dures réalités qui le persuadent de la nécessité pour le peuple Juif « d'apprendre à tirer » (titre d'un de ses articles fameux) et non une prédisposition personnelle. Après le pogrome de Kichinev en 1903, il traduit en russe le fameux poème de Bialik, *Dans la ville du massacre*, et participe à l'organisation de l'autodéfense juive en Russie. Plus tard, durant les premiers mois de la guerre mondiale, il entreprend de mettre sur pied un bataillon juif au sein de l'armée anglaise. Dans les deux cas, et par la suite également, ce sont les événements qui l'amènent à une réflexion théorique qui se double, comme toujours chez lui, d'une action concrète.

---

[10] Jabotinsky, *Histoire de ma vie*, éd. les Provinciales p. 156.

Ce n'est pas le moindre paradoxe de la vie et de la pensée riche et complexe du « Roch Bétar »[11] qu'il soit devenu dans une large mesure l'inspirateur de la doctrine stratégique de l'État d'Israël après sa mort, alors même qu'il a été tellement décrié et rejeté hors du « consensus sioniste » de son vivant, notamment en raison de la haine tenace que lui vouait David Ben Gourion. A cet égard, il ne fait aucun doute que ce dernier a été influencé par la notion du « Mur de fer » dans l'élaboration de ses propres conceptions militaires et sécuritaires[12]. Jabotinsky a ainsi été le premier à comprendre, au début de la Première Guerre mondiale, que le peuple Juif devait prendre une part active dans la guerre, en combattant sous son propre drapeau. Cette intuition fondamentale l'amène à se lancer dans l'aventure audacieuse de la Légion juive, malgré la vive opposition que cette idée suscite d'emblée parmi les autres dirigeants sionistes, comme il le relate dans son autobiographie. L'opiniâtreté avec laquelle il persévère dans ce projet rappelle celle avec laquelle Herzl avait lancé l'idée de l'État juif, lui aussi contre l'avis de la plupart des dirigeants juifs de son époque.

Après de multiples péripéties et au prix d'un engagement sans faille, Jabotinsky parvient à mettre sur pied

---

[11] "Roch Betar" désigne dans la terminologie propre au mouvement fondé par Jabotinsky celui qui en était le dirigeant.

[12] Voir notamment Yigal Henkin, "Qui garantira notre existence ?" [hébreu], *Hashiloah* no. 2, décembre 2016.

les premiers bataillons juifs au sein de l'armée britannique, qui se battent à Gallipoli en 1915 puis sur le front d'Eretz-Israël, lors de la campagne anglaise de Palestine à laquelle il prend part en personne. Après le démantèlement des bataillons juifs, Jabotinsky s'installe à Jérusalem avec sa famille. C'est alors qu'il est conduit à organiser l'autodéfense juive à Jérusalem, au sein de la Haganah, entraînant les recrues sur le mont des Oliviers, au vu et au su des Anglais. Là encore, son intuition a devancé les nécessités de l'heure : quand le juge américain Louis Brandeis, leader du sionisme aux États-Unis, visite la Palestine en 1919, Jabotinsky lui déclare : « *Nous autres, Juifs russes, sentons l'odeur du sang de loin, comme des chiens de chasse…* ». Son pressentiment s'avère exact : des bandes armées arabes s'en prennent aux Juifs, sous le regard impassible de l'armée anglaise et de ses supplétifs indiens. C'est dans le nord du pays qu'ont lieu les premières escarmouches, lorsque des bandes arabes attaquent des localités juives de Haute-Galilée. Trumpeldor et plusieurs de ses camarades trouvent la mort en défendant Tel-Haï, épisode héroïque qui entrera dans la légende sioniste.

Un mois plus tard, les émeutes arabes se propagent à Jérusalem, à l'occasion de la procession de Nebi Samuel. Les cris de « *Itba'h al-Yahoud* » (« égorgez les Juifs ») laissent de marbre les troupes anglaises. Jabotinsky prend alors en main la défense de la ville. En réaction, il est arrêté et incarcéré par les autorités britanniques, ce qui suscite une vague de protestations sans précédent au sein du *Yishouv*. Au cours de son procès, il se transforme d'accusé en accusateur, dénonçant l'hypocrisie des Anglais et leur passivité face aux pogromistes arabes. Le 19 avril 1920, il est condamné à quinze ans de travaux forcés. En signe de protestation, le *Yishouv* décrète une grève générale et le parti de la gauche sioniste, *A'hdout Haavoda*, appelle à inscrire le nom de Jabotinsky sur les bulletins de vote. Emprisonné à la forteresse de Saint-Jean d'Acre (Acco) avec plusieurs membres de la Haganah, Jabotinsky consacre ses journées à la traduction en hébreu de Dante et de Conan Doyle, tout en élaborant un programme d'étude pour ses compagnons de cellule.

Le « Mur de fer » : un réalisme pragmatique

Cet épisode laissera de toute évidence des traces durables dans sa réflexion sur la question arabe en Eretz-Israël et sur la possibilité de parvenir à un règlement pacifique. Marqué par l'influence contradictoire des principes généreux du programme d'Helsingfors sur les droits des minorités d'une part – dont il a été un des principaux rédacteurs en 1906 – et de la dure réalité des émeutes arabes auxquelles il a assisté de près d'autre part, Jabotinsky élabore au début des années 1920 la doctrine du « Mur de Fer », qu'il l'exposera dans son article de 1923. Si l'on devait qualifier celle-ci en deux mots, on pourrait la définir comme exprimant un réalisme pragmatique. Jabotinsky, nous l'avons dit, n'a rien d'un doctrinaire fermé : ses idées politiques se nourrissent à la double source de sa réflexion et de son expérience sur le terrain. Il a, tout comme Herzl, été journaliste avant de devenir sioniste, et il a l'habitude de « lire » les événements sur le terrain.

Mentionnons à cet égard un épisode révélateur : au tout début de la Première Guerre mondiale, son journal l'envoie en Afrique du Nord, pour déterminer s'il y a un risque de voir les populations arabes lancer le *djihad* contre les puissances alliées. Sa conclusion sans équivoque, qui s'avère totalement fondée, est que ce risque est nul. C'est ce même réalisme qui le conduit à écrire ces mots prémonitoires : « *Il n'y a pas lieu de parler de réconciliation entre nous et les Arabes d'Eretz-Israël, ni maintenant, ni dans un avenir proche* ». Ce jugement procède à la fois de sa réflexion théorique sur les relations entre « autochtones » et « colonisateurs »[13] et de sa propre expérience de témoin en première ligne des émeutes arabes. Un siècle plus tard, l'histoire a largement confirmé son pronostic.

Un autre aspect sur lequel sa pensée était en avance sur son temps est sa dénonciation du « *fantasme selon lequel [les Arabes] accepteraient de leur plein gré la réalisation du sionisme, en échange d'un avantage culturel ou matériel* ». Ce « fantasme »

---

[13] Ces deux mots n'ayant évidemment pas, sous sa plume, la connotation négative qu'ils ont acquise depuis. Nous les avons conservés tels quels.

n'a cessé depuis lors de nourrir les différents « plans de paix » israélo-arabes des gouvernements israéliens successifs, surtout depuis l'époque des accords d'Oslo. N'est-ce pas sur cette idée que reposait le rêve chimérique d'un « Nouveau Moyen-Orient » élaboré par Shimon Pérès ? La lecture des articles de Jabotinsky est à cet égard édifiante, à la fois par son réalisme et par le profond respect qu'il porte au peuple arabe, contrairement aux pacifistes de son époque, qui croient pouvoir acheter leur sentiment national contre des pots-de-vin.

Mais ce que nous avons qualifié de « réalisme pragmatique » n'épuise pas l'attitude de Jabotinsky concernant la question arabe et celle de la coexistence entre une majorité juive et une minorité arabe au sein du futur État juif, comme en atteste le projet de Constitution rédigé en pleine guerre et publié en 1942 (après sa mort) dans le livre *The War and the Jew*. Ce projet contient en effet des dispositions marquées par un libéralisme et par une étonnante générosité, qui ont souvent été commentées depuis. Jabotinsky préconise ainsi non seulement un statut officiel pour la langue arabe (qui existe effectivement depuis 1948), mais aussi une entière égalité civique, se traduisant par cette phrase : « *Dans chaque gouvernement, au sein duquel un Juif occupera la fonction de Premier ministre, le poste de vice-Premier ministre sera proposé à un Arabe, et vice-versa*"[14]. Ce serait cependant une erreur d'interpréter cette dernière disposition

---

[14] Voir ci-dessous, "Le problème arabe dédramatisé".

pour faire de Jabotinsky le partisan d'une entière égalité entre Juifs et Arabes, voire d'un État binational. En réalité, ici encore, c'est son pragmatisme total et son absence de toute hostilité de principe envers la nation arabe qui s'expriment.

Certains commentateurs contemporains ont voulu, sur le fondement de cette phrase, annexer Jabotinsky au camp « progressiste », en le présentant comme le partisan d'un « État de tous ses citoyens », dans lequel l'égalité entre tous l'emporterait sur l'impératif de préserver le caractère juif de l'État. Cette interprétation tendancieuse pèche selon nous par le défaut répandu de l'anachronisme. Jabotinsky, tout comme Herzl en son temps, a parfois fait preuve d'un optimisme excessif, qui tenait précisément à sa conviction que le futur État juif ferait tout pour ériger autour de lui un « Mur de fer » inexpugnable et que les Arabes renonceraient finalement à toute velléité de le détruire. Ses idées en la matière – et son refus de considérer le conflit judéo-arabe comme un conflit religieux[15] – datent certes d'une époque antérieure au réveil contemporain de l'islam politique, qui a évidemment modifié la donne à cet égard. Mais ses conceptions n'en sont pas pour autant devenues obsolètes, et notamment son idée que la dimension nationale du conflit prime sur sa dimension religieuse. Comme il l'a expliqué dans un éditorial du journal *Doar Hayom* publié en juillet 1929, peu de temps avant les émeutes sanglantes d'août 1929, au sujet du litige opposant Juifs et Arabes au sujet du Mur occidental à Jérusalem « *Nous*

---

[15] Voir ci-dessous, "Le conflit n'est pas religieux".

n'avons aucun conflit religieux et aucune guerre de religion contre quiconque... Ce sont les droits historiques et actuels du peuple Juif tout entier qui sont bafoués. Il s'agit d'une violation politique qui porte atteinte à [nos] droits nationaux »[16].

La conclusion de sa doctrine du « Mur de fer » est double. Premièrement, la réalisation du sionisme à court-terme ne peut pas, et ne doit pas dépendre de son acceptation par les Arabes. Deuxièmement, toute chance d'un règlement pacifique dans l'avenir passe par la renonciation à l'espoir d'un règlement immédiat. En termes actuels : les vains slogans sur « La paix maintenant » ne font que reculer tout espoir de paix véritable, en donnant à croire aux Arabes qu'ils peuvent obtenir toutes les concessions de la part d'Israël et qu'ils n'ont nul besoin d'assouplir leurs positions pour cela. L'histoire récente d'Israël montre combien cette conclusion s'est avérée juste, et là-encore, prémonitoire : chaque concession israélienne dans les négociations n'a fait que durcir la position arabe, que ce soit lors des accords de Camp David de 1978 (qui ont fixé pour la première fois le principe de « la paix contre les territoires »), ou lors des négociations de « Camp David II » en juillet 2000, quand les « propositions généreuses » du Premier ministre Ehud Barak ont été rejetées

---

[16] "Il ne s'agit pas de religion mais de politique", *Doar Hayom* 26.7.1929, cité dans Jabotinsky, *Ideological Writings, Eretz Israel* Vol. 2, Jabotinsky Institute, Tel-Aviv 2018 p. 91. Cet éditorial n'était pas signé, mais l'éditeur A. Naor montre de manière convaincante que Jabotinsky en était l'auteur.

par Yasser Arafat. Dans les deux cas, la volonté israélienne de parvenir à la paix à tout prix s'est heurtée à l'inflexibilité arabe, celle de Sadate en 1978 – qui a obtenu de Menahem Begin la totalité du Sinaï – et celle d'Arafat en 2000, qui a fait échouer tout accord.

Le « Mur de fer » et la postérité

Aucune expression née de la plume féconde de Jabotinsky n'est aussi connue que celle du « Mur de fer », et aucune n'a sans doute donné lieu à autant de contresens. Avant d'examiner l'actualité de ses conceptions, arrêtons-nous sur certains des usages récents qui ont été faits du concept de « Mur de fer ». Parmi les nombreux exemples offerts par le discours politique israélien contemporain, nous en avons choisi deux, qui sont tous deux ceux de représentants de l'école des « Nouveaux historiens ». Le premier, Avi Shlaïm, a publié en 2001 un livre intitulé *Le mur de fer, Israël et le monde arabe*[17] dans lequel il fait de la doctrine du « Mur de fer » le symbole de l'intransigeance israélienne, qui aurait été la cause principale de la perpétuation du conflit israélo-arabe. Shlaïm fait remonter cette prétendue intransigeance à 1948, David Ben Gourion ayant selon lui

---

[17] La traduction en français a été publiée chez Buchet Chastel en 2008.

renoncé à chercher un accord de paix avec les pays arabes, convaincu que le temps jouait en faveur d'Israël.

L'avis du second, Benny Morris, est très différent. Dans une interview au quotidien *Ha'aretz* datant de janvier 2004[18], il reprend ainsi à son compte la notion du « Mur de fer » dans l'acception que lui donne Jabotinsky, expliquant notamment qu'un « *mur de fer est la politique la plus raisonnable pour la génération à venir* », car « *ce qui décidera de la volonté [des Arabes] à nous accepter sera seulement la force et la reconnaissance qu'ils ne sont pas capables de nous vaincre* »[19]. Malgré la divergence d'opinion entre Shlaïm et Morris, tous deux s'accordent pour dire que la doctrine du « Mur de fer » a été adoptée par l'ensemble des dirigeants israéliens, depuis Ben Gourion jusqu'à nos jours. Le premier y voit la cause de l'intransigeance israélienne, tandis que le second la considère comme la seule réponse possible à l'intransigeance arabe. La comparaison entre les deux est instructive, car elle montre que le « Mur de fer » est devenu depuis un siècle un concept fondamental du lexique politique israélien.

---

[18] B. Morris, "Survival of the fittest", 8 janvier 2004, propos recueillis par Ari Shavit, *Haaretz*, https://www.haaretz.com/1.5262454

[19] Voir la traduction française de son interview sur mon blog: Benny Morris : "Un mur de fer est la politique la plus raisonnable pour la génération à venir"- VudeJerusalem .over-blog.com

Peut-on dire pour autant que ce concept a été adopté dans les faits, c'est-à-dire dans la politique et dans la stratégie israélienne ? A cet égard, la réalité est plus contrastée. Si la doctrine de la dissuasion de Tsahal peut être globalement considérée comme l'application du « Mur de fer », la politique de défense israélienne n'est pas toujours conforme aux idées développées il y a cent ans par Jabotinsky. Ainsi, pour prendre un exemple récent, le système de défense « Kippat barzel » (« dôme d'acier ») mis en place par Tsahal autour de la bande de Gaza peut difficilement être considéré comme l'application du « Kir ha-Barzel » (« Mur de fer »), en dépit de la similarité des deux expressions.

Le « dôme d'acier », malgré toute sa perfection technologique, ne vise en effet pas à assurer une quelconque dissuasion pour Israël, face aux tirs de roquette incessants venant de Gaza, mais plutôt à protéger les civils israéliens, sans aucunement empêcher les groupes terroristes palestiniens de poursuivre leurs attaques. De ce fait, il illustre le paradoxe d'une armée toujours plus intelligente, mais de moins en moins audacieuse. Comme le savent bien les dirigeants de l'armée israélienne, seule une offensive terrestre au cœur de la bande de Gaza permettrait de démanteler les lanceurs de missiles, voire de mettre fin au pouvoir du Hamas, installé depuis le retrait de l'armée israélienne en 2006. Or, la protection toute relative offerte par le dispositif du « dôme d'acier » empêche en fait Tsahal de mener une telle offensive, en la dissuadant d'adopter une logique militaire plus coûteuse en vies humaines. La dissuasion s'exerce donc envers Israël et non envers ses ennemis.

Le « dôme d'acier » n'est donc aucunement l'application de la doctrine du « Mur de fer » élaborée par Jabotinsky il y a près de cent ans : il en est la négation. Cet exemple ne signifie toutefois pas que le « Mur de fer » aurait été totalement oublié, mais que cette notion est appliquée de manière variable, selon les circonstances et les différents fronts. Israël fait ainsi preuve depuis plusieurs années d'une audace impressionnante face à l'Iran, multipliant les opérations et les éliminations ciblées en territoire ennemi, tandis que sur le front de Gaza, Tsahal se montre beaucoup plus timorée, restant sur la défensive la plupart du temps. Cette disparité montre que l'éthos défensif – qui remonte aux débuts de Tsahal et avant encore, à l'époque du *Yishouv* – s'avère insuffisant, face à des ennemis farouchement déterminés.

Toute l'histoire de la stratégie de défense d'Israël, depuis la Haganah et les premiers efforts d'auto-défense à l'époque de Jabotinsky et jusqu'à nos jours, est marquée par une oscillation permanente entre deux pôles opposés : celui de l'éthos purement défensif, largement prédominant d'une part, et celui d'un éthos offensif, celui de l'unité 101 dans les années 1950 et de la « Sayeret Matkal » (unité d'élite de l'état-major), d'autre part[20]. De toute évidence, c'est cet esprit offensif qui a permis à Tsahal de connaître ses victoires les plus éclatantes, celle de juin 1967 ou celle de l'opération Entebbe, pour ne citer que deux exemples. Malgré cela, l'armée israélienne demeure attachée à l'éthos purement défensif, pour des raisons complexes liées à son histoire et à ses valeurs fondatrices. La doctrine du « Mur de fer » demeure ainsi d'actualité, un siècle après avoir été formulée par Jabotinsky.

Les récents événements violents survenus en mai 2021 dans les villes mixtes d'Israël, et la persistance d'une opposition radicale à l'existence de l'Etat hébreu dans la région – malgré les avancées remarquables des accords Abraham – montrent que la dissuasion demeure une nécessité impérieuse, tant sur le front intérieur que sur les différents fronts extérieurs. L'aspiration à la paix qui caractérise le peuple Juif et l'Etat d'Israël ne doit pas éluder cette nécessité. Le pacifisme aveugle, il y a cent ans comme aujourd'hui, menace la pérennité de l'existence d'un Etat juif souverain, au milieu d'un environnement encore largement hostile. Aujourd'hui comme hier, la paix repose sur la

---

[20] Voir sur ce sujet le livre d'Anita Shapira, *Land and Power : The Zionist Resort to Force, 1881-1948*, Stanford University Press 1999, et celui d'Ehud Luz, *Wrestle at Jabbok River. Power, Morality and Jewish identity*. Magnes Press, Jérusalem 1998.

préparation à d'éventuels conflits, selon l'adage latin toujours actuel (« *Si vis pacem, para bellum* »), ou selon les mots de Jabotinsky : « *le seul moyen de parvenir à un accord* [de paix] *est d'ériger un mur de fer* ».

Pierre Lurçat

À propos du mur de fer (Les Arabes et nous)[21]

En dépit de la règle très juste qui veut qu'on commence un article par la définition du sujet, je commencerai par un préambule ; et plus encore, par un préambule personnel. Certains considèrent l'auteur de ces lignes comme l'ennemi des Arabes, comme un partisan de leur éviction du pays, etc. Rien n'est moins vrai. Du point de vue émotionnel, mon attitude envers les Arabes est semblable à mon attitude envers tous les autres peuples : une indifférence polie. Du point de vue politique, elle est déterminée par deux lignes directrices. La première : l'éviction des Arabes d'Eretz-Israël, sous quelque forme que ce soit, me paraît totalement impossible ; il y aura toujours deux peuples en Eretz-Israël. Et la seconde : je suis fier d'avoir fait partie du groupe qui a rédigé le « programme d'Helsingfors "[22]. Nous l'avons rédigé non seulement pour les Juifs, mais pour tous les peuples ; et son fondement est l'égalité de droits de tous les peuples. Comme tous les Juifs, je suis disposé à prêter serment, en mon nom et en celui de mes descendants, que jamais nous n'enfreindrons cette égalité et nous ne tenterons d'évincer les Arabes ou de les

---

[21] Article paru initialement en russe dans le journal *Rassviet*, publié à Berlin, 4 novembre 1923.
[22] Programme définissant les droits des minorités au sein de l'empire russe, rédigé en 1906, dont Jabotinsky était un des principaux rédacteurs, comme il le relate dans son *Histoire de ma vie*.

opprimer. Comme le lecteur peut le constater, ce credo est tout à fait pacifique. Mais sur un plan tout à fait autre, la question se pose de savoir s'il est possible de réaliser par des voies pacifiques des projets pacifiques. En effet cela ne dépend pas de notre attitude envers les Arabes, mais uniquement de l'attitude des Arabes envers le sionisme.

Après cette entrée en matière, entrons dans le vif du sujet.

A.

Il n'y a pas lieu de parler de réconciliation entre nous et les Arabes d'Eretz-Israël, ni maintenant, ni dans un avenir proche. Si j'exprime cette conviction de manière si ferme, ce n'est pas parce que j'aurais plaisir à tourmenter des gens de bonne composition, mais simplement pour ne pas qu'ils se tourmentent eux-mêmes. Tous ces gens de bonnes intentions, à l'exception de ceux qui sont aveugles de naissance, ont compris d'eux-mêmes depuis longtemps qu'il n'était pas possible d'obtenir l'accord des Arabes pour transformer Eretz-Israël d'un pays arabe en un pays ayant une majorité juive.

Chaque lecteur a des idées générales concernant l'histoire de la colonisation d'autres pays. Je lui propose de se remémorer les exemples connus ; et après l'examen de la liste entière, il pourra tenter de trouver au moins un exemple, dans lequel la colonisation s'est faite avec l'accord des habitants du pays. Il n'en existe aucun. Les habitants du pays, qu'ils soient civilisés ou non, ont toujours combattu avec opiniâtreté les colonisateurs, civilisés ou non. De fait, la manière d'agir du colonisateur n'a aucunement influencé l'attitude de l'autochtone envers lui. Les compagnons de Cortès[23] et de Pizarro[24], ou encore, par exemple, nos ancêtres à l'époque de Josué fils de Nun, se sont comportés comme des brigands. Et pourtant, les « Pilgrim Fathers » (Pères pèlerins) – qui sont les véritables premiers pionniers en Amérique du Nord - étaient des gens possédant un niveau moral élevé, qui ne voulaient faire du mal ni aux Indiens, ni même à une mouche. Ils pensaient de bonne foi qu'il y avait suffisamment de place dans la plaine américaine pour les blancs et pour les Indiens. Et malgré cela, les autochtones ont combattu avec cruauté, tant les méchants colons que les bons. La question de savoir s'il existe dans le même pays de larges territoires disponibles n'a eu ici non plus aucune importance. En 1921, il y avait en Amérique 340 000 Indiens ; et même dans les temps les plus favorables, il n'y a jamais plus de 750 000 Indiens dans tout l'espace considérable qui s'étend du Labrador au Nord, jusqu'au Rio Grande au Sud. Il n'y avait pas alors une personne possédant une imagination assez riche pour entrevoir sérieusement le danger d'une véritable « éviction »

---

[23] Hernan Cortès (1485-1547) : conquistador espagnol, qui a conquis le Mexique.
[24] Francisco Pizarro (1471-1547) ; explorateur espagnol, qui a conquis le Pérou.

menaçant les autochtones de la part des étrangers qui venaient d'arriver. Les autochtones se sont battus non pas parce qu'ils craignaient de manière consciente et en connaissance de cause leur éviction, mais simplement parce que les autochtones ne peuvent jamais accepter la colonisation, en quelque lieu et à quelque époque que ce soit.

Tout peuple qui fait partie des habitants d'un pays, qu'il soit civilisé ou sauvage, considère ce pays comme son foyer national, et il aspire à en être le propriétaire absolu et à le demeurer éternellement. Il ne donnera pas de son plein gré l'autorisation de diriger l'économie, ni aux nouveaux propriétaires, ni même à leurs nouveaux partenaires.

Cela est tout aussi valable s'agissant des Arabes. Les pacifistes parmi nous tentent de nous convaincre que les Arabes sont des simples d'esprit, qu'on peut les abuser par une présentation « édulcorée » de nos aspirations authentiques, ou encore qu'il s'agit d'une tribu avide, qui renoncera en notre faveur à son droit d'aînesse en Eretz-Israël, en échange d'un bénéfice culturel ou matériel. Je rejette totalement cette vision des Arabes d'Eretz-Israël. Du point de vue culturel, ils sont en retard de cinq cents ans par rapport à nous. Du point de vue spirituel également, ils ne possèdent pas notre capacité d'endurance, ni même notre force de volonté ; et voilà toute la différence intérieure qui nous sépare. Hormis cela, ils possèdent un sens psychologique et une finesse de discernement, tout autant que nous et ils ont élaboré pendant des siècles un système de discussion dialectique sophistiqué, tout comme le nôtre. Nous aurons beau leur raconter ce que nous voulons, ils comprendront très bien ce qui se passe dans les profondeurs de notre âme, tout comme nous comprenons les profondeurs de leur âme. Et leur attachement à Eretz-Israël procède du même amour instinctif et du même fanatisme organique, avec lequel les Aztèques aimaient leur Mexique et les Indiens de la tribu des Sioux aimaient la plaine amérindienne.

Le fantasme selon lequel ils accepteraient de leur plein gré la réalisation du sionisme, en échange d'un avantage culturel ou matériel que le colonisateur juif leur apporterait, est infantile. Ce fantasme trouve son origine dans le mépris que les « amis des Arabes » parmi nous vouent au peuple arabe ; et ce mépris a pour origine le préjugé et l'image infondée qu'ils ont du peuple arabe. Ce dernier serait soi-disant une populace avide de pots-de-vin, prête à renoncer à sa terre ancestrale en échange d'un réseau de chemin de fer moderne. Cette image n'a aucun fondement. Certains disent qu'on peut parfois corrompre des Arabes isolés, mais on ne saurait en déduire que l'ensemble des Arabes d'Eretz-Israël seraient capables de vendre leur sentiment patriotique aigu, sentiment auquel les Papous eux-mêmes n'ont pas renoncé en échange d'un quelconque avantage pécuniaire. Chaque peuple lutte contre les colonisateurs, tant qu'il possède encore une lueur d'espoir de se débarrasser du danger de la colonisation. C'est ce que font aujourd'hui les Arabes d'Eretz-Israël et c'est ce qu'ils feront demain.

B.

Nombreux parmi nous sont ceux qui croient encore, dans leur naïveté, que les Arabes ne nous comprennent pas, et que c'est la seule raison pour laquelle ils agissent contre nous. Si seulement nous parvenions à leur expliquer combien nos intentions sont modestes, ils s'empresseraient de nous tendre une main fraternelle. C'est une erreur qui a déjà été démontrée à plusieurs reprises. Je mentionnerai ici un cas parmi tant d'autres. Il y a trois ans, lors de la visite de M. Sokolov[25] en Eretz-Israël, il prononça un long discours sur cette incompréhension. Il démontra par des preuves concluantes que les Arabes commettaient une erreur amère, s'ils pensaient que nous aspirons à leur voler leurs biens, à les évincer, ou encore à les opprimer. Selon lui, nous n'aspirons pas même à un gouvernement juif ; nous souhaitons seulement un gouvernement détenant un mandat de la Société des Nations.

---

[25] Nahum Sokolov (1859-1936) : écrivain, journaliste et dirigeant sioniste, il présida l'Organisation sioniste mondiale entre 1931 et 1935.

Le journal arabe *Al-Carmel* publia une réponse à ce discours, en première page, dont je livre le contenu précis, tel que je l'ai gardé en mémoire. Les sionistes s'émeuvent en vain ; il n'y a là aucune incompréhension. M. Sokolov dit certes la vérité, mais les Arabes la connaissaient très bien sans lui. Il est entendu que les sionistes ne rêvent pas actuellement d'expulser les Arabes, ni de les opprimer ou d'établir un gouvernement juif. Il est entendu qu'aujourd'hui, ils ne veulent qu'une seule chose – que les Arabes ne les empêchent pas d'émigrer en Eretz-Israël. Les sionistes promettent qu'il n'émigreront en Eretz-Israël que dans les limites de la capacité d'absorption économique du pays. Mais à cet égard également, les Arabes n'ont jamais eu de doute : cela va de soi, car autrement il n'y aurait pas de possibilité d'émigration. Le rédacteur en chef du journal arabe est même prêt à faire l'hypothèse que la capacité d'absorption potentielle d'Eretz-Israël est très élevée, à savoir, qu'il est possible d'installer dans le pays autant de Juifs qu'on le souhaite, sans qu'il soit pour cela nécessaire d'évincer le moindre Arabe. C'est « seulement cela » que les Juifs veulent. Et c'est précisément ce que les Arabes refusent, car alors les Juifs deviendraient la majorité, et alors un gouvernement juif verrait le jour de toute façon, et le sort de la minorité arabe dépendrait de la bonne volonté des Juifs. Qu'il ne soit pas agréable d'être une minorité - de cela les Juifs eux-mêmes parlent avec un art consommé et une grande force de persuasion. C'est pourquoi il n'y a ici nul malentendu. Les Juifs aspirent à une seule chose – la liberté d'émigration ; et les Arabes refusent précisément cette émigration.

Cette argumentation du rédacteur en chef arabe est tellement simple et claire, qu'il conviendrait de l'apprendre par cœur et d'en faire le fondement de toutes nos réflexions futures concernant la question arabe. Peu importe quels sont les mots – ceux de Herzl ou ceux d'Herbert Samuel – que nous employons pour expliquer nos efforts d'implantation. L'implantation elle-même comporte en elle-même sa propre explication, la seule qu'on ne peut écarter ; explication compréhensible pour tout Juif raisonnable comme pour tout Arabe raisonnable. L'implantation a un seul et unique objectif[26]; mais les Arabes ne sont pas disposés à accepter ses conséquences. Tout cela relève de la nature des choses, or il est impossible de changer la nature.

C.

Aux yeux de beaucoup de sionistes, le programme suivant semble très attrayant : s'il n'est pas possible d'obtenir l'accord des Arabes vivant en Eretz-Israël au projet sioniste, alors il faudra l'obtenir de ceux vivant dans le reste du monde arabe, et notamment en Syrie, en Mésopotamie (Irak), au Hedjaz[27] et peut-être aussi en Égypte[28]. Même si cela était possible, cela ne changerait pas fondamentalement la

---

[26] A savoir, l'obtention d'une majorité juive en Eretz-Israël

[27] Partie Nord-Ouest de l'Arabie saoudite, qui a constitué un État indépendant entre 1916 et 1924.

[28] Observons que ce programme a connu récemment un début de réalisation avec les Accords d'Abraham.

situation : car en Eretz-Israël, l'attitude des Arabes envers nous demeurerait inchangée. Pendant la période de l'unification de l'Italie, Trente et Trieste sont demeurée aux mains de l'empire austro-hongrois, pourtant non seulement les habitants italiens de ces villes n'ont pas accepté la situation, mais ils ont même poursuivi leur combat contre l'Autriche de toutes leurs forces. Même s'il était possible (et j'en doute) de convaincre les Arabes de Bagdad et de la Mecque, qu'Eretz-Israël ne représente pour eux qu'une région frontalière modeste et de peu d'importance, aux yeux des Arabes d'Eretz-Israël, il ne s'agit pas d'une région frontalière mais de leur seule patrie, du centre et du fondement de leur existence nationale propre. Par conséquent, il serait encore nécessaire de réaliser l'implantation contre la volonté des Arabes d'Eretz-Israël, à savoir, dans les conditions mêmes où elle est réalisée actuellement.

Et pourtant, un accord avec les Arabes qui ne sont pas des habitants d'Eretz-Israël relève également du fantasme irréalisable. Pour que les peuples arabes de Bagdad, de la Mecque et de Damas acceptent de faire un tel sacrifice, qui s'exprimerait à leurs yeux par la renonciation à la préservation du caractère arabe d'Eretz-Israël, c'est-à-dire de la terre qui se trouve au centre de la « Fédération »[29] et qui la

---

[29] Le terme de "Fédération" renvoie au projet du souverain de la Mecque, Hussein Ibn Ali (1855-1931) de créer un nouvel État arabe indépendant, qui inclurait tous les pays arabes

sépare en deux – nous devrions leur offrir une contrepartie considérable. Il n'existe clairement que deux manières d'offrir une telle contrepartie : une aide financière, une aide politique, ou les deux à la fois. Mais nous n'avons les moyens de leur offrir ni l'une ni l'autre. Concernant l'aide financière, la simple idée que nous pourrions financer la Mésopotamie (Irak) ou le Hedjaz est ridicule, alors que les moyens dont nous disposons ne suffisent pas même pour Eretz-Israël. Et la pensée que nous pourrions soutenir le nationalisme arabe sur le plan politique est encore plus fantasmatique. Le nationalisme arabe aspire à la même chose à laquelle aspirait le nationalisme italien avant 1870, ou le nationalisme polonais avant 1918 ; à savoir, l'unité nationale et l'indépendance politique. Cela signifie faire disparaître les dernières traces de l'influence britannique en Égypte et en Mésopotamie, expulser l'Italie de Tripolitaine, la France de Syrie – et en fin de compte, de Tunisie, d'Algérie et du Maroc également. Un « soutien » de notre part à un tel programme représenterait à la fois une trahison et un suicide. Même sans parler du mandat britannique sur Eretz-Israël, la Déclaration Balfour a également été signée par la France à San Remo[30]. Nous ne pouvons pas prendre part à une collusion politique, visant à expulser l'Angleterre des deux rives du canal de Suez et du

---

d'Asie. Cet État aurait pris le nom de "Fédération arabe". Ibn Ali ne fut reconnu que comme souverain du Hedjaz, région de la péninsule arabe abritant moins d'un million d'habitants, mais l'Angleterre soutint son projet de Fédération jusqu'à son éviction, en 1924.

[30] La conférence de San Remo, qui s'est tenue en avril 1920 en Italie,

Golfe persique, et à éliminer entièrement les colonies de la France et de l'Italie. Il est non seulement impossible de mener un tel double jeu : il ne vaut même pas la peine d'y songer.

En conclusion : nous ne pouvons offrir aucune « indemnisation », ni aux Arabes d'Eretz-Israël, ni au reste du monde arabe en échange d'Eretz-Israël. En conséquence, tout accord volontaire est impossible. C'est pourquoi ceux pour qui un accord avec les Arabes représente une *conditio sine qua non* au sionisme peuvent dès aujourd'hui dire « non » et renoncer au sionisme[31]. Notre entreprise d'implantation doit cesser, ou bien se poursuivre sans dépendre de l'état d'esprit des autochtones. En d'autres termes, cela veut dire qu'elle peut se poursuivre et se développer sous la protection d'une force qui ne dépendra pas de l'état d'esprit de la population locale – à l'abri d'un mur de fer, que la population locale n'aura pas les moyens de faire tomber.

C'est à cela que se résume toute notre politique concernant la question arabe. Non pas qu'elle « doive » s'y résumer, mais elle s'y résume en fait, que nous le reconnaissions ou non. Pourquoi avons-nous besoin de la

---

[31] C'est effectivement le choix qu'on fait certains membres du Brith Shalom, comme Martin Buber, comme je le relate dans mon livre *La trahison des clercs d'Israël*, La maison d'édition 2016.

Déclaration Balfour ? Pourquoi avons-nous besoin du Mandat britannique ? Leur signification pour nous réside en cela, qu'une force extérieure s'est engagée à créer dans ce pays des conditions propices, en matière d'administration et de sécurité, à empêcher la population locale de nous déranger, si telle était son intention. Et nous tous, sans aucune exception, réclamons de cette force extérieure jour après jour qu'elle remplisse son rôle avec force et avec rigueur. A cet égard, il n'existe aucune différence entre nos « militaristes » et nos « végétariens » ; la seule différence est que les premiers aspirent à un mur de fer composé de soldats juifs, et les seconds – de soldats anglais. D'autres, qui aspirent à un accord avec Bagdad, acceptent de se contenter des baïonnettes de Bagdad (argument bizarre et dangereux) ; mais nous demandons tous qu'un mur de fer soit édifié. Pourtant, nous portons atteinte de nos propres mains à nos intérêts en déclamant les slogans sur un « accord », à savoir, quand nous incitons la puissance mandataire à penser que l'essentiel n'est pas le mur de fer, mais une tentative de trouver une entente et une autre tentative de trouver une entente. Une telle déclamation nous porte atteinte ; c'est pourquoi, ce n'est pas seulement un plaisir, mais aussi une obligation sacrée de la réfuter, en démontrant tant son caractère fantasmatique que son erreur.

Cela ne veut pas dire pour autant, qu'aucun accord n'est possible avec les Arabes d'Eretz-Israël. Seul un accord volontairement conclu est impossible. Tant qu'il existera chez les Arabes le moindre espoir de se débarrasser de nous, ils ne renonceront pas à cet espoir, contre aucun agrément ni contre les promesses les plus grandioses, et la raison en est précisément, qu'ils ne constituent pas une populace, mais bien un peuple vivant. Or un peuple n'accepte de faire des concessions sur de telles questions essentielles et cruciales, que lorsqu'il ne subsiste plus chez lui aucun espoir – lorsque le mur de fer ne comporte pas la moindre brèche. C'est seulement alors que les groupes extrémistes, qui ont pour slogan « non, non à tout jamais », perdent leur influence au profit de groupes plus modérés. C'est seulement alors que les groupes modérés viendront vers nous avec une offre de concessions mutuelles ; c'est alors seulement qu'ils commenceront à négocier avec nous équitablement sur les questions concrètes, telles qu'une garantie contre l'expulsion des habitants arabes et l'égalité des droits civiques et nationaux ; et je crois et j'espère que nous leur donnerons alors ces garanties, qu'ils s'en satisferont et que les deux peuples pourront vivre ensemble dans la paix et la coexistence. Toutefois, le seul moyen de parvenir à un tel accord est d'ériger un mur de fer, à savoir, garantir l'existence en Eretz-Israël au moyen d'une force telle, qu'elle ne pourra être ébranlée par aucune influence arabe. En d'autres termes : le seul moyen de parvenir à un accord dans l'avenir est de renoncer entièrement à toute tentative de trouver un accord aujourd'hui.

La morale du « Mur de fer »

A.

Revenons au programme d'Helsingfors, que j'ai mentionné dans un article antérieur[32]. Etant un de ses rédacteurs, j'ai tendance à douter moins que tous qu'il offre une solution équitable à la question des minorités. Il garantit l'égalité des droits civiques, ainsi que l'autonomie nationale. Je suis persuadé que toute personne considérant ce programme de manière impartiale reconnaîtra qu'il s'agit d'un fondement idéal pour la vie commune, dans la paix et le bon voisinage entre deux peuples. Mais il n'y a pas de stupidité plus grande que de prétendre exiger des Arabes, qui sont une des parties dans le conflit, qu'ils adoptent la psychologie caractérisant celui qui l'aborde de manière impartiale.

Tout d'abord, même si les Arabes croyaient à la possibilité d'une vie commune et de relations de bon

---

[32] Voir ci-dessus, *A propos du mur de fer*.

voisinage, la question première et essentielle demeurerait : est-ce qu'ils sont prêts à accepter des « voisins », même pacifiques, dans le pays qu'ils considèrent être le leur. En effet, la présence d'un peuple unique dans le pays est plus agréable que celle de plusieurs – cela ne peut être nié, y compris par les plus convaincants parmi nos experts en murmures et en conjurations. Pourquoi donc un peuple qui est tout à fait satisfait de sa solitude accepterait de laisser entrer dans son pays de son plein gré, un nombre si important de bons voisins ? « Je ne veux ni de votre miel ni de votre fiel » – sera sa réponse naturelle.

Mais au-delà même de cette difficulté essentielle, exiger des Arabes précisément qu'ils acceptent le programme d'Helsingfors, ou tout autre programme officiel reposant sur la présence de peuples différents vivant ensemble – revient à exiger une chose qui n'est pas possible. La théorie de Springer a à peine trente ans[33]. À ce jour, pas un seul peuple – pas même le plus cultivé – n'a accepté de la mettre sincèrement en pratique. Même les Tchèques sous la houlette de Masaryk[34], qui est le modèle de tous les autonomistes, n'ont

---

[33] Rudolph Springer est le nom de plume de Karl Renner (1870-1950), homme politique et théoricien social-démocrate autrichien d'origine tchèque, chef de file de l'école austromarxiste.

[34] Tomas Garrigue Masaryk (1850-1937) : philosophe et homme d'Etat tchèque, premier président de la

pas pu ou voulu l'accepter.

Quant aux Arabes, même les plus éclairés parmi eux n'ont jamais entendu parler d'une telle conception. Par contre, ils savent bien qu'une minorité souffre toujours et en tout lieu : les chrétiens en Turquie, les musulmans en Inde, les Irlandais sous domination anglaise, les Polonais et les Tchèques sous domination allemande autrefois, et aujourd'hui les Allemands sous domination tchèque ou polonaise, etc. etc. Un homme doit s'enivrer jusqu'à l'engourdissement total des sens pour exiger des Arabes qu'ils croient que les Juifs précisément sont capables (ou du moins qu'ils ont l'intention sincère) de réaliser un programme qui n'a jamais été appliqué parmi d'autres peuples, bien moins civilisés.

Je soutiens cela avec vigueur, non pas parce que nous aussi aurions été contraints de renoncer au programme d'Helsingfors, comme fondement du *modus vivendi* dans l'avenir, au contraire, nous – ou du moins l'auteur de ces lignes – y croyons et croyons aussi en notre capacité de le réaliser, en dépit des échecs passés. Pourtant il ne servira à rien d'en faire aujourd'hui l'éloge devant les Arabes : ils ne le comprendront pas, n'y croiront pas et ne l'apprécieront pas.

Tchécoslovaquie.

B.

Et si cela n'est pas utile, cela sera nuisible. La naïveté politique des Juifs est sans limite, et cela est vraiment incroyable ; ils ne comprennent pas cette règle très simple, qui veut qu'on ne doit jamais « faire le premier pas » en direction d'une personne qui ne veut pas de vous.

Une affaire typique illustre cette règle. Les membres d'un peuple asservi de l'ancienne Russie (tsariste) ont tous pris part, comme un seul homme, à une croisade contre les Juifs, en appelant au boycott et aux pogromes[35]. Alors même qu'ils s'efforçaient d'obtenir l'autonomie, ils ont proclamé ouvertement vouloir en profiter pour opprimer les Juifs avec plus de vigueur. Malgré cela, des publicistes et des hommes politiques juifs, y compris au sein du camp national, ont pensé qu'ils avaient l'obligation de soutenir par tous les moyens possibles les aspirations de leurs ennemis à l'autonomie. En effet, comme nous le savons, l'autonomie est une chose sacrée. Et comme je l'ai écrit dans le passé dans ces colonnes, nous pensons en général avoir l'obligation de nous mettre au garde-à-vous et de crier à haute voix « bravo »,

---

[35] Jabotinsky fait allusion au peuple polonais, et à l'antisémitisme qui traversait à l'époque toutes les couches de la société polonaise.

lorsque nous entendons le son de la Marseillaise – même si c'était Haman le persécuteur lui-même qui la chantait, et même si on brisait au même moment les os des Juifs au son de sa mélodie. Cela est en effet considéré à nos yeux comme une attitude politique morale.

Or ce n'est pas de la morale, mais bien de la corruption. La société humaine repose sur la réciprocité ; si l'on en supprime la réciprocité, la justice elle-même devient un mensonge. L'homme qui passe maintenant dans la rue devant ma fenêtre a le droit de vivre sa vie, seulement s'il reconnaît mon droit de vivre la mienne. Mais s'il veut me tuer, alors je ne reconnais aucunement son droit de vivre. Et il en va de même pour les peuples. Autrement, le monde deviendrait une course d'animaux effrénée, dans laquelle serait tué non seulement le plus faible, mais aussi le plus modeste et le plus humble. Le monde doit être un lieu où règne la responsabilité mutuelle. Si l'on veut vivre, il faut donner à chacun un droit égal à la vie ; et s'il faut être tué, là aussi tous doivent avoir une part égale. Il n'existe pas d'éthique affirmant que le glouton peut manger autant qu'il le désire, et que celui qui se contente de peu doit dépérir sous la clôture.

Dans notre cas, la conclusion pratique de cette éthique, qui est la seule éthique possible du point de vue humain, est la suivante : même si nous acceptions de faire des concessions, au-delà de celles qui font partie du programme d'Helsingfors, au point d'accepter de devenir associés au sein d'une sorte de fédération arabe imaginaire, *od morza di morza*[36], même alors, nous ne pourrions envisager ces concessions qu'après que les Arabes auront accepté le principe d'Eretz-Israël en tant que pays juif.

Nos ancêtres l'avaient bien compris. Il existe dans le Talmud un cas juridique particulier et éloquent[37]. « Lorsque deux hommes saisissent un vêtement et que l'un dit : « C'est moi qui l'ai trouvé » et que l'autre dit aussi : « C'est moi qui l'ai trouvé » ; l'un dit : « Il est entièrement à moi » et l'autre dit : « Il est entièrement à moi ». Après avoir entendu les arguments des deux protagonistes, le juge tranche qu'ils doivent partager le vêtement et que chacun doit recevoir la moitié. Cependant, imaginez un cas particulier, dans lequel un seul des protagonistes se montre opiniâtre, tandis que le second décide d'étonner tout le monde par son attitude de *gentleman*. Il déclare : « Nous avons trouvé le vêtement ensemble, aussi je ne réclame que la moitié, et l'autre moitié appartient à mon rival ». L'autre, de son côté, maintient avec vigueur sa position : « C'est moi qui l'ai trouvé, il

---

[36] "De la mer à la mer", slogan polonais exprimant l'aspiration à rétablir l'ancien empire polonais, s'étendant de la mer Noire à la mer baltique.

[37] Michna, *Baba Metsia*, 1, 1.

m'appartient ». Dans un tel cas, le Talmud suggère au juge de prendre une décision intelligente, mais regrettable pour le « gentleman ». Le juge déclare : la première moitié ne fait l'objet d'aucune contestation. Le premier protagoniste reconnaît lui-même qu'elle appartient au second. Le litige porte donc uniquement sur la seconde moitié, et par conséquent, il convient de partager à égalité la seconde moitié. En conclusion, l'entêté reçoit les trois-quarts du vêtement, tandis que le gentleman n'en reçoit que le quart. Et c'est tout à fait juste. Car il est bien de se montrer un gentleman, mais il ne faut pas être stupide. Nos ancêtres l'avaient bien compris, mais nous l'avons oublié.

Nous aurions dû nous en souvenir, car dans notre situation, la question des concessions revêt une dimension particulièrement affligeante. L'étendue des concessions au nationalisme arabe que nous pouvons accepter, sans mettre fin au projet sioniste, est très modeste. Nous ne pouvons renoncer à l'aspiration à créer une majorité juive en Eretz-Israël ; nous ne pouvons pas non plus tolérer un contrôle arabe de l'immigration juive en Eretz-Israël ; nous ne pouvons pas accepter un Parlement disposant d'une majorité arabe ; et nous n'aurons jamais besoin d'une quelconque fédération arabe. Étant donné qu'à l'heure actuelle, l'ensemble du mouvement arabe nous considère avec hostilité, nous ne pouvons pas le soutenir. Plus encore : nous nous réjouissons de toute notre âme et de tout notre pouvoir (nous tous, y compris ceux qui proclament leur amitié pour les Arabes) à chacune de ses défaites, non seulement en Transjordanie voisine ou en Syrie, mais aussi au Maroc, et cela continuera, car il ne peut en être autrement, jusqu'à ce que le Mur de fer oblige les Arabes à accepter le sionisme, une fois pour toutes.

C.

Examinons un instant le point de vue de ceux qui ont l'impression que tout cela n'est pas moral. Tentons d'éclaircir la question. La racine du mal tient, bien entendu, au fait que nous aspirons à coloniser un pays contre la volonté de la population arabe, à savoir, à le coloniser par la force. Tous les autres désagréments découlent de cela, de manière inéluctable, automatique. Que pouvons-nous donc faire ?

La solution la plus simple consisterait à chercher un autre pays à coloniser, par exemple, l'Ouganda[38]. Toutefois, si nous examinons les choses attentivement, nous y découvrirons le même problème. En Ouganda aussi, il existe

---

[38] Jabotinsky évoque l'Ouganda, car le mouvement sioniste avait formé le projet d'y créer un État juif, comme alternative à Eretz-Israël, au début du vingtième siècle. Ce projet déclencha une crise majeure lors du Sixième Congrès sioniste, en 1903.

une population autochtone ; et eux aussi, bien entendu, comme tous les peuples autochtones au cours de l'histoire, s'opposeront de manière instinctive ou en pleine connaissance de cause à voir leur pays submergé par des colonisateurs[39]. Le fait que ces autochtones soient de couleur noire ne change rien, dans le fond, à la situation : si le fait de coloniser un pays contre la volonté de ses habitants est immoral, alors la même morale doit s'appliquer aux noirs comme aux blancs. Bien entendu, on peut espérer que ces noirs ne sont pas encore assez développés pour envoyer des délégations à Londres. Cet espoir est mince, car il se trouvera toujours des amis de peau blanche, qui leur apprendront à le faire. Mais même si tel était le cas, et qu'il s'avérait, grâce à Dieu, que ces autochtones sont comme des enfants désemparés, alors cela serait encore pire. Si la colonisation contre la volonté des autochtones ressemble à un vol, alors c'est un acte plus criminel encore de voler des enfants désemparés. D'où il ressort que l'Ouganda est lui aussi une solution « immorale ». Il en découle que l'attribution d'un autre territoire, quel que soit le nom qu'on lui donne, est elle aussi un acte "immoral". Il ne reste plus d'îles inhabitées dans le monde. Vers chaque oasis au milieu du désert où l'on se tourne, on trouvera le natif du lieu, qui y demeure depuis des lustres et qui n'a nulle envie de voir s'installer une majorité de nouveaux arrivants, ni même un grand nombre de colons

---

[39] Thème abordé de manière détaillée dans l'article "A propos du mur de fer", ci-dessus.

étrangers.

La signification en est que, s'il existe au monde un peuple privé de territoire, le seul rêve d'édifier un foyer national est un rêve immoral. Que ce peuple sans territoire demeure sans territoire à jamais ; car toutes les terres au monde ont déjà été partagées, et voilà. Ainsi l'a voulu l'éthique !

Dans notre cas, cette « éthique » semble particulièrement curieuse. Il paraît que notre population mondiale atteint 15 millions de personnes ; la moitié vivent actuellement une existence de chiens pourchassés et sans abri, littéralement. Le nombre d'Arabes dans le monde est de 38 millions d'âmes. Ils vivent au Maroc, en Algérie, Tunisie, Tripolitaine, Egypte, Syrie, Péninsule arabe, Mésopotamie (Irak) - territoires dont la superficie (déserts exclus) représente la moitié de celle de l'Europe. Ce territoire immense abrite en moyenne 16 personnes pour chaque mille anglais carré. Cela vaut la peine de mentionner, à titre de comparaison, que la densité de population en Sicile est de 352 personnes par mille carré, et celle de l'Angleterre de 669 personnes. Il faut en outre rappeler qu'Eretz-Israël représente environ le deux-centième de ce territoire. Pourtant, lorsque le peuple Juif privé de foyer national réclame Eretz-Israël pour s'y installer, certains prétendent que cette revendication est

« immorale », du fait que les habitants du lieu la considèrent comme incommode pour eux.

Une telle éthique a sa place chez les cannibales, et pas dans un monde civilisé. La terre n'appartient pas à ceux qui en ont trop, mais à ceux qui n'en ont pas du tout. Exproprier un morceau de terre appartenant à un peuple qui possède d'immenses propriétés terriennes pour donner une patrie à un peuple errant est un acte de justice. Et si le premier refuse – chose tout à fait naturelle – il faut l'y contraindre. Une vérité qu'il faut appliquer en recourant à la force ne cesse pas pour autant d'être vraie. C'est à cela que se résume la seule politique concernant les Arabes qui soit possible pour nous du point de vue objectif. Quant à trouver un accord, nous en parlerons le moment venu.

Le conflit n'est pas religieux[40]

C'est une erreur de considérer que la racine du conflit en Eretz-Israël tient à l'incident qui a eu lieu l'an dernier à Yom Kippour, près du Mur occidental[41]. Si vous examinez ce qui s'est passé, vous verrez qu'il n'y avait rien de nouveau. De telles réclamations et protestations existent depuis de nombreuses générations. Sous la domination turque déjà, des conflits se sont produits autour de la question de savoir si les Juifs avaient le droit d'installer la traditionnelle séparation entre hommes et femmes, près du Mur occidental. Ce droit leur était parfois accordé, et parfois

---

[40] Discours prononcé à Paris, 29 août 1929. Publié dans *Rassviet*, 8.9.1929, traduit depuis la version en hébreu, Jabotinsky, *Ideological Writings, Eretz Israel* Vol. 2, Jabotinsky Institute, Tel-Aviv 2018.

[41] Le 24 septembre 1928, après-midi de Yom Kippour, des policiers britanniques enlevèrent à la demande des Arabes la séparation installée devant le Mur occidental (Kottel) entre les hommes et les femmes pendant la prière. Cet incident suscita de nombreuses protestations, tant du côté juif que du côté arabe et accrut la tension entre les deux communautés.

refusé. Cette fois-ci, il n'y avait là-bas aucune construction[42], les Juifs n'avaient apporté avec eux aucune chaise[43], mais les Arabes ont néanmoins protesté, en arguant qu'il s'agissait d'une violation du « statu-quo ». Ils ont donc protesté contre une chose qui existait autrefois...

La seule nouveauté résidait dans l'action du gouvernement. Une telle chose n'avait pas de précédent, pas même sous la domination turque. Voilà ce qui est arrivé : plusieurs Arabes se sont présentés devant le gouverneur de Jérusalem et l'ont averti que si la séparation n'était pas immédiatement enlevée, deux cents jeunes Arabes viendraient et susciteraient des troubles. On raconte qu'une menace similaire a été proférée un jour devant Lord Plumer[44]: « Si vous ne faites pas cela et cela, nous ne serons pas responsables de l'ordre public à Jérusalem ». Il répondit :

---

[42] En juillet 1919, le rabbin Avraham Itshak Hacohen Kook se plaignit que les musulmans avaient ouvert une porte dans un des murs adjacents du Kottel. En août, le 16e Congrès sioniste protesta contre l'autorisation donnée par l'administration britannique aux musulmans de construire une nouvelle mosquée près du Kottel.

[43] Les musulmans s'opposaient à l'installation de chaises et de bancs sur l'esplanade du Kottel, ainsi qu'à la barrière séparant les hommes des femmes en prière.

[44] Lord Herbert Charles Onslow Plumer (1857-1932) : deuxième Haut-Commissaire britannique pendant la période du Mandat, entre 1925 et 1928.

« N'ayez pas d'inquiétude, l'ordre public à Jérusalem est de ma responsabilité ». Et bien entendu, il n'arriva rien. Au lieu de faire la même réponse, qui aurait été bien suffisante, le gouvernement n'a pas voulu attendre quelques heures jusqu'à la première étoile[45], et a envoyé la police, laquelle a déclenché près du Mur occidental, en pleine prière solennelle du Yom Kippour, les événements brutaux dont tous se souviennent. Cela produisit une impression durable sur les Arabes. A leurs yeux en effet, la prière est un moment sacrosaint. Ils sont incapables de comprendre comment on peut déranger pendant la prière non seulement un Juif, un musulman ou un chrétien, mais même un idolâtre. Un conte arabe relate qu'un voleur arabe qui voulait assaillir un voyageur attendit que celui-ci ait fini sa prière. Mais cette fois-ci, la sainteté de la prière ne fut pas préservée. Cette explication suffit à faire comprendre l'émotion que cet incident suscita.

Cette décision du gouvernement a montré à n'importe quel Arabe de la rue que les Juifs n'ont pas même le droit à la protection fondamentale. Ils n'ont jamais tenté de transformer le Mur occidental en champ de bataille, sur lequel les Arabes tenteraient de mener contre nous l'assaut ultime. C'est le gouvernement lui-même qui a désigné cet

---

[45] Yom Kippour prend fin lorsqu'apparaissent trois étoiles dans le ciel. Il est de coutume de sonner du shofar juste avant la fin du jeûne.

endroit. Le conflit entre nous n'est pas religieux. Ses racines les plus profondes se trouvent dans l'opposition entre deux peuples, dont un se considère comme le propriétaire du pays, et le second comme son colonisateur. Il ne s'agit pas du Mur occidental, ni de la conception juive ou de celle des Arabes. Il n'est question du Mur occidental qu'en raison des actes préjudiciables de l'administration, de cette mauvaise administration, hostile et irresponsable et des fonctionnaires de Palestine qui la dirigent. Dans le communiqué qui a été publié, à mon grand regret, par une source juive officielle, on peut lire que l'administration en Eretz-Israël a été surprise par l'étendue des désordres qui se sont déroulés. Ce n'est pas vrai. Je dirai de cette administration qu'elle est mauvaise, déloyale, hostile, mais je ne la qualifierai jamais de « stupide ».

Il s'agit ici des Anglais. Même si tous ne possèdent pas une éducation très vaste, ils connaissent leur propre histoire, et savent quelque chose des questions de colonisation, ils savent comment leurs ancêtres se sont implantés en Amérique du Nord et en Afrique du Sud, et quel prix cela leur a coûté. Ils savent que toute implantation a besoin d'instruments de défense, soit de la part de l'armée gouvernementale, soit par l'autodéfense. En dépit de cela, l'administration a fait tout ce qui était en son pouvoir pour demeurer dans le pays sans forces armées. Cela a commencé avec la dissolution des bataillons juifs[46]. À présent, il ne subsiste plus rien dans le pays : quelques avions, quelques tanks et un nombre de policiers qui est insuffisant, parmi lesquels le nombre de Juifs est ridiculement faible. A part cela, il y a les gardes-frontières de Transjordanie, qui comptent une vingtaine de Juifs[47]. Mais la part du lion des dépenses d'entretien des Garde-Frontières est imputée au budget d'Eretz-Israël, et la plupart des contribuables sont Juifs.

Ce qui soulève la question : pourquoi ces 700 policiers, placés sous le commandement d'officiers anglais, armés et disciplinés comme il se doit, n'ont-ils pas été appelés à l'aide ? En l'espace d'une demi-heure, ils auraient été présents sur les lieux. Mais le gouvernement savait parfaitement ce qu'il faisait : comme je vous l'ai dit, ces gens ne sont pas stupides, et ils savent qu'on ne fait pas appel à des policiers arabes pour frapper des Arabes et protéger des Juifs. Les événements qui se sont déroulés n'étaient aucunement une surprise pour le gouvernement. Si ce gouvernement était déloyal envers le sionisme et hostile aux Juifs habitants d'Eretz-Israël, alors ses dernières décisions relèveraient tout simplement d'un manque de responsabilité. Et je répète ce que j'ai déjà dit à la tribune du 16e Congrès sioniste : cette

---

[46] Voir ci-dessus, préambule page 15.
[47] Les Gardes-Frontières transjordaniens, force de police quasi-militaire créée par l'administration mandataire britannique en avril 1926, furent actifs jusqu'en 1948.

administration ne fait pas honneur à la nation anglaise.

Nous devons tirer les conclusions de cette dernière leçon. Malgré toute l'importance que revêtent des fonctionnaires efficaces ou des ouvriers professionnels, malgré toute l'importance d'une activité économique appropriée, le fondement essentiel de notre activité dans le pays est avant tout l'absence de danger, la sécurité corporelle. Cela ne nécessite aucune preuve. Celui qui était hier disposé à immigrer en Eretz-Israël et à y planter un verger de pommiers, se demande aujourd'hui : et qu'en sera-t-il de mon verger ? Et il hésite. Un autre s'apprête à construire une usine industrielle et il se pose la même question. Il s'agit avant tout de la question de la sécurité et nous avons constaté qu'une armée non-juive ne permet pas de répondre à cette question. En effet le peuple anglais a proclamé : « Nous avons fait une promesse, mais cela ne nous oblige pas à verser notre sang. Nous avons promis d'apporter une aide morale et politique, mais vous devez comprendre, que le prix du sang versé pour votre terre d'Israël devra être payé par les Juifs eux-mêmes ».

À présent, trois bataillons ont été envoyés en Eretz-Israël, et avant même qu'ils arrivent dans le pays et qu'ils parviennent à étouffer les troubles, les Juifs ont été désarmés.

Le sionisme revendique la tâche de construire le

pays, mais il ne pourra réussir que sur le fondement de la sécurité, dont nous serons nous-mêmes les garants. S'il y a parmi vous beaucoup de partisans de cette idée, ne répondez pas à mes propos lors de la manifestation et n'applaudissez pas, tout comme vous n'applaudiriez pas celui qui dit que deux fois deux égale quatre. Chacun sait qui a sauvé la population juive du pays après que le gouvernement l'eut laissée sans protection armée. Nous devons nous prosterner devant les héros de notre « Haganah », devant ceux qui sont tombés et devant ceux qui sont encore parmi nous, car c'est la « Haganah » qui a sauvé le *Yishouv* pendant ces quatre journées terribles, avant que n'arrivent les armées anglaises[48]. Cependant, une force illégale, qui n'a pas reçu d'autorisation du gouvernement, ne peut être armée et entraînée comme il se doit, et les soldats la verront toujours comme une force illégitime. Dans la décision que je vais lire devant vous, vous trouverez un programme détaillé pour organiser la défense dans le pays, et j'espère que l'assemblée soutiendra de manière résolue cette proposition.

Il y est affirmé que nous protestons contre les

---

[48] Ce discours a été prononcé quelques jours après la fin des "événements de 1929" qui ont fait plus de 130 victimes et des centaines de blessés parmi les Juifs en différents lieux d'Eretz-Israël. A Tel-Aviv et à Haïfa, où les forces de la "Haganah" étaient bien organisées et armées, les victimes juives furent rares.

tentatives de la part de la police en Eretz-Israël de désarmer les forces d'auto-défense juive. Un télégramme de source officielle affirme : « Les combats à Haïfa se poursuivent, on a entrepris de désarmer les Juifs[49] ». Nous avons besoin d'une défense juive en Eretz-Israël. Nous devons exiger que cette défense juive reçoive une autorisation légale et nous devons lui garantir une existence normale. Cet aspect n'a pas encore été abordé jusqu'à maintenant, mais nous avons également besoin d'un fonds qui nous donnera les moyens de faire subsister cette défense juive. Chaque jeune homme et chaque jeune femme a l'obligation de se former pour participer aux opérations de la « Haganah », même si ces opérations sont difficiles, et parfois tragiques. Du point de vue financier, nous devons garantir l'activité normale de cette organisation dans le pays, et par le biais de la fondation Tel-Haï[50], qui s'adresse à l'ensemble du peuple juif et qui fait confiance à sa conscience et à sa capacité de voir l'avenir.

Permettez-moi maintenant de répéter ce que j'ai dit

---

[49] Les tensions à Haïfa s'aggravèrent uniquement le troisième jour des émeutes. Une foule arabe tenta de s'engouffrer vers la ville basse, en direction du principal quartier juif, Hadar Hacarmel, mais elle fut repoussée par une force armée des hommes de la Haganah.

[50] La fondation Tel-Haï fut créée en 1929 par l'organisation sioniste révisionniste (Hatsohar) dans le but de soutenir la formation physique des jeunes Betari en vue de la création d'une force armée de défense, et d'aider les pionniers et jeunes du Betar qui émigraient en Eretz-Israël.

il y a neuf ans après la mort de Trumpeldor, lors des premières émeutes à Jérusalem[51]. N'exagérez pas ! Je vois ici des gens qui ont baissé la tête, des gens qui ont perdu tout espoir. Ils parlent de catastrophe et ils ne font que répéter : « Nous n'avons aucun ami et les assurances données par le monde entier n'ont aucune valeur ». N'exagérez pas ! Ce qui s'est passé en Eretz-Israël est une insulte terrible à l'intelligence et une honte pour la nation anglaise, mais ce n'est pas une catastrophe. Les Arabes n'ont pas la capacité de déclencher une catastrophe en Eretz-Israël. N'exagérez pas la force du brigand. Le brigand est certes fort, mais il n'est pas Attila. Ce n'était pas une catastrophe, et au lendemain de l'épreuve, le *Yishouv* hébreu en Eretz-Israël s'est relevé avec des forces renouvelées et avec un nouvel espoir, et nous allons remettre sur pied tout ce que [les Arabes] ont détruit. Car nous avons reçu ce don : reconstruire en plus grand ce qui a été détruit et annihilé.

*

* *

[En conclusion de son intervention, Jabotinsky propose d'adopter une série de décisions, s'adressant à la puissance mandataire et au peuple Juif. Les voici :]

---

[51] Voir ci-dessus, préambule page 16.

1. Rendre légale l'auto-défense hébraïque et constituer, aux frais du Trésor public en Eretz-Israël, une force militaire juive qui fera partie de la garnison en Eretz-Israël et sera placée sous l'autorité de l'armée anglaise. Démanteler la Garde-frontière transjordanienne.

2. Envoyer en Eretz-Israël une commission d'enquête qui sera indépendante des autorités locales et compétente pour déterminer les responsabilités et pour examiner l'efficacité de l'action de l'administration locale. Punir les fonctionnaires et les autres personnes responsables de la catastrophe et démettre sur le champ tous les fonctionnaires dont les actes auront été établis par l'enquête et remettre en état les biens juifs détruits et indemniser intégralement tous les dommages subis par la population juive, aux frais du Trésor public en Eretz-Israël et aux frais des localités arabes qui ont pris part aux meurtres et aux vols.

3. Reconnaître de manière définitive que le Mur occidental et l'esplanade devant lui sont consacrés exclusivement au culte juif.

4. Publier une proclamation claire du gouvernement britannique, attestant que les engagements pris par la Grande-Bretagne ont pour signification de participer activement à l'édification du foyer national juif et de poser les fondements d'un régime bienveillant envers l'implantation juive sur les deux rives du Jourdain, qui annulera le Livre

blanc de Samuel-Churchill de 1922[52]. Mettre en application le principe de l'immigration juive libre. Créer un service civil particulier en Eretz-Israël pour former les employés en vue de l'entreprise sioniste.

5. L'assemblée appelle le peuple Juif, et en particulier sa jeunesse, à tirer les leçons des derniers événements et à mettre en place une formation systématique de la jeunesse sioniste à l'autodéfense. L'assemblée se félicite de l'action de la fondation Tel-Haï.

6. L'assemblée proclame la ferme volonté du peuple Juif de rétablir un État juif sur la totalité du territoire d'Eretz-Israël et déclare solennellement qu'aucun obstacle, menace ou émeute ne pourront entraver cette volonté.

---

[52] Winston Churchill était le ministre des Colonies du gouvernement qui a signé le Livre blanc de 1922 concernant la politique de l'Angleterre en Eretz-Israël. Celui-ci restreignait le champ d'application du Mandat en enlevant la Transjordanie d'Eretz-Israël et fixait le principe de la "capacité d'absorption économique" – comme facteur déterminant de la politique d'immigration des Juifs dans le pays.

Le problème arabe dédramatisé[53]

A.

La transformation d'Eretz-Israël en un État juif peut être réalisée entièrement sans aucunement déposséder ses habitants arabes. Toutes les déclarations communément faites en sens contraire sont entièrement erronées. Un territoire qui s'étend sur plus de 100 000 km2, peuplé selon une densité moyenne égale à celle de la France (78 habitants par kilomètre carré[54]), est capable d'absorber quelque 8 millions d'habitants ; selon la densité de population de la Suisse (104) – plus de 10 millions, et selon celle de l'Allemagne ou de l'Italie (140) – près de 14 millions. Il en compte aujourd'hui, si l'on compte parmi ses habitants les Arabes, les Juifs et les habitants de Transjordanie[55], un peu

---

[53] Extrait du livre *The War and The Jew*, publié en anglais en 1942. Traduit depuis l'hébreu.
[54] En 1942. Elle est aujourd'hui de 119 habitants / km2.
[55] Rappelons que la Palestine mandataire incluait les deux rives du Jourdain – à savoir Israël et le territoire de la Jordanie

plus d'un million et demi d'habitants. Il reste encore assez d'espace libre en Eretz-Israël pour accueillir la majorité des habitants des ghettos d'Europe centrale et orientale – la majorité des cinq millions de personnes – sans approcher encore la densité modérée de la France. Sauf si les Arabes préféraient quitter de leur plein gré le pays – ils n'ont nullement besoin d'émigrer.

Tout aussi erroné est l'argument selon lequel, si les Arabes deviennent une minorité dans un pays possédant un caractère juif dominant, ils feront l'objet de persécutions et d'oppression. Les auteurs du Livre Blanc de 1939[56] sont les moins autorisés à avancer cet argument fallacieux. Puisqu'ils nous promettent que les Juifs, auxquels ils imposent de rester une minorité en Eretz-Israël, avec un rapport de 1 contre 2, non seulement ne seront pas opprimés, mais bénéficieront également des plaisirs du « Foyer national juif », comment peuvent-ils prétendre que si la situation était inverse, cela serait une catastrophe pour les Arabes ? Les auteurs du « Livre Blanc » seraient bien plus logiques s'ils offraient à la minorité arabe les mêmes garanties, suffisantes à leurs yeux, pour assurer le bien-être de la minorité juive.

---

actuelle (désignée par l'auteur comme Transjordanie).
[56] Le Livre blanc, document politique publié en mai 1939.

Il est ridicule de supposer qu'une minorité ethnique est toujours et partout une minorité opprimée. Cette hypothèse est démentie par les faits. Les Écossais qui ont quitté l'Écosse et les Gallois qui ont quitté le Pays de Galles sont dispersés à travers toute l'Angleterre, pourtant personne n'a jamais soutenu que leurs droits avaient été atteints. Examinez la situation des membres de la minorité catholique francophone dans la province mixte de l'Ontario au Canada ; eux non plus n'y sont aucunement opprimés. La Russie soviétique a commis bien des crimes, pourtant nul ne peut contester le fait que les minorités ethniques y jouissent d'un statut d'égalité tout à fait raisonnable - pour autant que l'on puisse « jouir » de quelque chose dans un tel climat politique. La Tchécoslovaquie était à cet égard un pays-modèle[57] ; et il en va de même de la Finlande aujourd'hui, où la minorité suédoise bénéficie d'une situation encore meilleure, à plusieurs égards, que celle des Écossais dans la grande Angleterre. Il va de soi que rien n'est entièrement parfait sur terre, et il ne fait aucun doute qu'il est plus agréable d'être la majorité qu'une minorité, même dans les meilleures conditions qu'on puisse imaginer ; toutefois cela ne signifie pas, que le statut de minorité soit partout et toujours une tragédie. Chaque grand peuple possède des fragments éloignés, qui constitue des minorités au sein d'autres pays : les Anglais en Afrique du Sud, les Français au Canada, en Belgique et en Suisse, les Allemands partout dans le monde.

---

[57] À la date où écrit Jabotinsky (1942), la Tchécoslovaquie avait cessé d'exister comme entité indépendante.

Leur situation dépend du régime politique. Lorsque celui-ci est décent, la minorité peut vivre dans une satisfaction raisonnable. Nul n'a le droit de supposer que la politique juive n'est pas capable d'édifier un régime qui sera aussi décent que le régime édifié par la politique anglaise, canadienne ou suisse. Après tout, c'est en s'inspirant des sources juives que le monde a appris comment il convenait de traiter « l'étranger qui vit parmi toi ».

Dans un cas seulement, c'est une tragédie d'être une minorité : dans le cas d'un peuple qui est partout en minorité, en tout lieu et à tout moment, dispersé au milieu de nations étrangères, et qui ne dispose d'aucun lieu à lui sur la surface de la terre, d'aucune patrie pour y trouver un refuge. Tel n'est pas le cas des Arabes, qui disposent de quatre États arabes à l'est du canal de Suez, et de cinq autres à l'ouest du canal de Suez. Certains de ces États sont déjà indépendants, d'autres pas encore ; mais dans chacun de ces pays, les Arabes constituent la majorité ; chacun d'eux est d'ores et déjà une patrie pour la nation arabe.

B.

Cela serait comme un amusement stérile de rédiger, à ce stade, un projet de constitution pour le futur pays juif qui verra le jour en Eretz-Israël. Mais il se peut que certaines personnes soient sincèrement préoccupées par le sort des droits des habitants arabes d'Eretz-Israël, si le pays devenait un État juif. L'auteur de ces lignes est en mesure de leur donner, à tout le moins, une idée de ce que les Juifs ont l'intention de faire à cet égard, lorsqu'ils deviendront la majorité et lorsqu'Eretz-Israël deviendra un pays disposant d'un gouvernement autonome. Ces personnes seront peut-être rassurées, lorsqu'elles sauront à quoi ressemble la future constitution d'Eretz-Israël, envisagée non par l'aile modérée, mais bien par le courant sioniste qualifié de « radical ». Les extraits qu'on lira ci-après sont tirés d'un projet élaboré par l'exécutif du parti sioniste révisionniste en 1934, de sorte qu'on peut dire qu'ils révèlent « le pire qui pourrait arriver » aux Arabes d'Eretz-Israël. Ce projet ne constitue pas un programme officiel, et l'auteur de ces lignes n'est pas disposé à le défendre à tous égards. Malgré cela, il s'agit du fruit d'un travail considérable et rigoureux ; ses auteurs ont consulté de nombreux précédents, et se sont aidés de documents qu'ils ont étudiés avec soin, à l'époque où l'intelligentsia de l'Europe orientale et centrale – laquelle incluait également la Russie – était tombée sous le charme des théories des socialistes autrichiens sur la « politique des nationalités ». Les livres de Rudolph Springer[58], les protocoles du congrès du parti social-démocrate autrichien de Brin, l'excellente loi autrichienne de 1868 sur l'emploi des langues des minorités dans la correspondance des fonctionnaires de l'État, et même l'ancienne et excellente législation de la Turquie sur l'autonomie des différentes communautés ethniques et religieuses, dont la dénomination officielle était « Milet »

---

[58] Sur Rudolph Springer, voir note 32 ci-dessus.

(« nations ») : *milet i-Rom, milet i-arméni, milet i-mouswiya* (la nation grecque, la nation arménienne, la nation des fidèles de la religion mosaïque). Je ne citerai ici que certains articles : ceux qui traitent de l'égalité civique, des langues, de ce qui est désigné comme « l'autonomie culturelle », des lieux saints et des lois foncières. Nous n'aborderons que les questions générales. Les extraits qui suivent confirment la déclaration faite par l'auteur de ces lignes devant la commission royale pour la Palestine[59] : à savoir que les Juifs sont disposés à garantir pour la minorité arabe au sein de l'État hébraïque en Eretz-Israël le maximum de droits qu'ils ont réclamés pour eux-mêmes, mais qu'ils n'ont jamais obtenus dans aucun autre État.

En lisant ce projet, nous devons nous souvenir que selon le principe qui constitue l'*alpha* et l'*omega* du sionisme révisionniste, le pays d'Israël ne pourra parvenir à l'indépendance avant qu'il n'y existe une majorité juive. D'autre part, la conception sioniste révisionniste concernant l'indépendance d'Israël a alors (en 1934) pris la forme d'un dominion dans le cadre de l'empire britannique, et beaucoup de sionistes révisionnistes continuent de soutenir cette idée

---

[59] Commission d'enquête britannique mise en place en 1936 afin de proposer des modifications au mandat britannique en Palestine, à la suite du déclenchement de la Grande Révolte arabe. Elle était dirigée par Lord William Peel.

jusqu'à ce jour.

1. *Égalité civique*

1) Le principe de l'égalité des droits pour tous les citoyens de toutes origines ethniques, religieuses, linguistiques ou sociales sera appliqué sans restriction, dans tous les domaines de la vie publique de l'État, à condition qu'ils ne fassent rien qui puisse empêcher les Juifs de pays étrangers de revenir dans leur patrie – en Eretz-Israël – et de devenir ainsi automatiquement des habitants et des citoyens d'Eretz-Israël.

2) Dans chaque gouvernement, au sein duquel un Juif occupera la fonction de Premier ministre, le poste de vice-Premier ministre sera proposé à un Arabe, et vice-versa.

3) Une participation proportionnelle des Juifs et des Arabes aux obligations et aux droits offerts par l'État, - et cette règle s'appliquera aux élections au Parlement, au service civil et militaire et à la répartition des fonds publics.

4) Cette règle vaudra également pour les municipalités ou conseils locaux mixtes.

2. *Langues*

1) La langue hébraïque et la langue arabe jouiront

d'un statut légal identique.

2) Aucune loi de l'État, ordonnance ou réglementation, aucune pièce, billet ou timbre émis par l'État ; aucune publication ou inscription initiées par le gouvernement n'auront de validité, s'ils ne sont pas rédigés de manière similaire en hébreu et en arabe.

3) L'utilisation de l'hébreu et de l'arabe aura la même valeur légale au Parlement, devant les tribunaux, dans les écoles et de manière générale – dans tout ministère ou organisme public, ainsi que dans tous les établissements d'enseignement de tout niveau.

4) Tous les ministères répondront à toute demande, orale ou écrite, dans la langue de celle-ci, tant en hébreu qu'en arabe[60].

3. *Autonomie culturelle*

1) Les communautés ethniques juive et arabe seront reconnues en tant qu'organes publics autonomes, jouissant d'un statut égal selon la loi.

Si les Arabes chrétiens, ou tout autre groupe de citoyens ayant un motif raisonnable pour réclamer l'autonomie et une certaine reconnaissance de son

---

[60] Observons que toutes ces dispositions concernant l'emploi de la langue arabe sont actuellement en vigueur en Israël.

indépendance, le demandent, le Parlement sera habilité à faire droit à leur demande.

2) Voici les questions qui seront déléguées par l'État à chacune des communautés ethniques à l'égard de leurs membres ;

    a) religion et statut personnel ;

    b) enseignement à tous les niveaux et dans toutes les branches, en particulier pour l'enseignement primaire obligatoire ;

    c) aides gouvernementales, y compris l'assistance sociale sous toutes ses formes ;

    d) procédures judiciaires ordinaires, liées aux éléments ci-dessus.

3) Chaque communauté ethnique élira sa propre assemblée nationale, laquelle sera habilitée à émettre des règlements et à imposer des taxes dans son domaine d'autonomie, à désigner un exécutif, lequel sera responsable devant ladite assemblée.

4) Un ministre faisant partie du cabinet, indépendant de tout parti politique, représentera chaque communauté ethnique au sein du gouvernement.

4. *Lieux Saints*

1) Les secteurs concernés à l'intérieur de la Vieille Ville de Jérusalem, dont la délimitation sera faite sous l'autorité de la Société des Nations, jouiront du même degré d'extra-territorialité qui est reconnu généralement pour les ambassades des différents pays.

2) Chacun de ces secteurs constituera une municipalité soumise à un conseil municipal, lequel sera désigné par accord entre les autorités religieuses concernées.

3) Un régime similaire à celui-ci s'appliquera, avec les changements qui s'imposent, au reste des Lieux saints en Israël.

4) Sauf en période de guerre, des visas pour les pèlerins seront octroyés sans restriction et pour une durée suffisante, aux ressortissants de tous les États, sous réserve des seules réglementations liées aux exigences en matière d'hygiène, de transports publics et de sécurité, et à condition que les plus pauvres parmi les pèlerins soient nourris et retournent le moment venu dans leur pays aux frais de l'autorité religieuse concernée.

5) Un délégué de la Société des Nations ayant le rang d'ambassadeur sera désigné pour représenter les intérêts des parties concernées.

5. Terres

1) Il sera créé un tribunal en Eretz-Israël pour les questions foncières, qui inclura parmi ses membres des juges spécialisés dans les questions agricoles des deux communautés ethniques.

2) Toutes les terres en friche et les terres qui ne sont pas exploitées convenablement de l'avis du tribunal seront expropriées (et dans ce cas, leurs propriétaires recevront une indemnisation appropriée) et constitueront la réserve de terres de l'État.

3) Après que ces terres auront été mises en valeur aux frais de l'État, la réserve de terres mises en valeur sera partagée en parcelles, lesquelles seront transférées, à des prix accessibles et à des conditions de crédit convenables aux particuliers et aux groupes ayant présenté des demandes en ce sens à l'entrepreneur.

4) Les parcelles seront transférées, sous la surveillance du tribunal foncier, aux candidats et aux groupes juifs et arabes, sans la moindre discrimination.

5) Chaque candidat présentant une demande devra établir de manière satisfaisante aux yeux du tribunal :

    a) qu'il ne possède pas d'autre terre ;

    b) qu'il détient un montant minimum

raisonnable de capitaux ou d'équipements pour exploiter la terre, qu'ils lui appartiennent ou qu'ils lui soient confiés par des tiers ;

c) qu'il exploitera la terre par lui-même.

C.

C'est une autre question de savoir si les Arabes estimeront que tout cela constitue un fondement suffisant pour les inciter à rester en Eretz-Israël. Mais s'ils refusent, l'auteur de ces lignes refuse de considérer leur souhait de partir comme une tragédie ou comme une catastrophe. La Commission royale pour la Palestine n'a pas hésité à faire une proposition en ce sens. Le courage est une maladie contagieuse. Puisque nous avons l'autorité morale considérable d'envisager avec sérénité l'éventualité du départ de 350 000 habitants arabes d'une partie d'Eretz-Israël, nous ne devons pas nous effrayer à l'idée du départ de 900 000 d'entre eux. L'auteur, comme il l'a déjà dit, ne considère nullement un tel départ comme une nécessité : à de nombreux égards, cela ne serait pas même souhaitable, mais s'il s'avère que les Arabes préfèrent émigrer, alors il est permis d'examiner cette éventualité sans affecter d'être préoccupés.

Depuis 1923, date du transfert d'au moins 700 000

Grecs vers la Macédoine en l'espace de deux mois, et de 350 000 Turcs en Thrace et en Anatolie, la notion de transferts de la sorte est devenue courante, et presque populaire. Hitler a contribué dernièrement à la réputation de cette idée dans le monde. Bien entendu, ses critiques rejettent avec vigueur sa politique, se traduisant par le transfert des Allemands de Trente et des pays baltes et de leur installation dans les localités, les champs et les maisons volés aux Polonais. Mais ce n'est pas le transfert des Allemands qui suscite en réalité la critique, mais le vol des Polonais. On ne peut échapper à l'impression que si ce transfert de population n'avait concerné que les Allemands d'une part, et les Italiens et les habitants des pays baltes d'autre part, alors les conséquences de cette opération n'auraient pas été si terribles du point de vue des deux parties. Lorsque M. Roosevelt envisage par avance la présence de 20 millions de réfugiés après la guerre, il ne fait aucun doute qu'il pense que la situation de toutes les minorités dans de nombreux pays sera irréparable, de sorte qu'il sera nécessaire de trouver une solution radicale.

La Girgachie, qui se trouve comme nous le savons, entre la Héthie et l'Amorie[61], et qui est peuplée par un mélange des deux ethnies, a une majorité d'Amoréens, aussi il a été décidé en 1918 de l'annexer à l'Amorie. Conséquences ? Il existe aujourd'hui en Amorie une minorité

---

[61] Noms de pays imaginaires, inspirés de la Bible.

de 300 000 Hètheens, qui causent des problèmes. Aurait-on mieux fait d'annexer cette région à la Héthie ? Mais dans un tel cas, la Héthie aurait comporté une minorité de 500 000 Amoréens, avec les mêmes conséquences. Il est possible que le pouvoir de la majorité ne soit pas une solution parfaite, y compris pour ce qui concerne les partis politiques, mais dans le cas des peuples, cette solution n'a pas plus d'influence qu'un gaz excitant ; et l'alternative – la domination de la minorité - est bien pire. Une solution radicale véritable serait celle du précédent gréco-turc de 1923. En toute sincérité, l'auteur doute que cette solution soit praticable. Il est possible en tous cas d'essayer d'autres solutions, qu'il n'est pas loisible de détailler ici. Mais du point de vue théorique, l'idée d'une nouvelle répartition, sur une grande échelle, des minorités devient de plus en plus populaire parmi les « meilleurs esprits », et il n'est pas interdit d'évoquer ce sujet.

Plus encore : il existe une différence considérable du point de vue moral, entre la question d'Eretz-Israël et toutes les autres régions à population mixte, à l'égard de cette question particulière de donner à une minorité la possibilité d'émigrer. Dans toutes les autres régions, les conflits sont dus à l'ambition : une partie de la population aspire à dominer l'autre, ou du moins, la partie la plus faible le craint. Il est possible, qu'une telle aspiration soit justifiée ou apparaisse comme telle, ou encore qu'on puisse la justifier, en ce sens qu'elle exprime une nécessité vitale reçue en héritage, une nécessité vitale tellement dynamique, que seule la retenue des anges pourra la réfréner une fois pour toutes. Mais même ainsi, il ne s'agit après tout que d'une aspiration, et non d'un véritable besoin ; d'un sain « appétit » et non d'une « faim ». Ce n'est pas le cas en Eretz-Israël, où tout désagrément causé à la population locale par l'afflux des immigrants est la conséquence d'une nécessité tragique, car ces immigrants sont obligés de trouver un abri. Cela n'a rien à voir avec l'ambition, ni avec la volonté de dominer quelqu'un d'autre. Dans de nombreux cas, cet afflux ne découle pas même de l'aspiration des individus d'émigrer, en effet dans toute vague d'immigration de masse, se trouvent nécessairement des centaines ou des milliers de personnes qui auraient préféré demeurer dans leur patrie d'origine, si elles l'avaient pu. La cause de l'afflux est une faim authentique, une aspiration intense de personnes qui n'ont aucun autre endroit pour y édifier leur patrie. Si les Arabes choisissaient d'émigrer, le seul fait qu'ils peuvent le faire démontre, au contraire, qu'ils disposent d'un « autre endroit », où ils peuvent édifier une nouvelle patrie. Ce conflit entre « aucun autre endroit » et « un autre endroit » tiendra uniquement lieu d'écho au trait de caractère universel de notre époque moderne, l'accord inévitable entre les peuples qui « n'ont pas » et ceux « qui ont ». Il n'existe aucun peuple qui « n'a pas » qui devrait se sentir coupable du fait que les plateaux de la balance sont devenus équilibrés, comme ils auraient dû l'être depuis longtemps.

D.

Une chose doit être tenue pour certaine : tout État arabe qui trouvera le courage et les terres requises pour inviter une telle émigration de personnes déplacées, obtiendra des avantages matériels considérables. Il recevra immédiatement des capitaux illimités et les meilleurs experts du monde entier, qui seront à sa disposition pour réaliser les plans les plus osés afin de mettre en valeur la terre et de l'irriguer. Plus encore : il tombe sous le sens, que les émigrants arabes emporteront avec eux des ânes chargés de richesses. Ainsi la résolution de tous les problèmes liés à l'évacuation de la "région" européenne sera grandement facilitée. Qui sait ?

Mais tout cela est affirmé en passant ; tout cela n'a rien à voir avec les objectifs de la guerre. Eretz-Israël, sur les deux rives du Jourdain – a une superficie suffisante pour abriter un million d'Arabes, pour encore un million de leurs descendants, pour plusieurs millions de Juifs – et pour la paix, laquelle sera tellement profonde qu'elle s'étendra jusqu'à l'Europe.

Réponse à nos pacifistes[62]

A.

Le camp sioniste entonne à présent d'une voix forte le refrain du chœur des pacifistes, qui s'efforcent (en prêchant la morale aux Juifs uniquement) de se réconcilier avec les Arabes. Il est difficile de se libérer d'un sentiment de dégoût : au lendemain d'un massacre tellement méprisable et abominable[63], nous devrions reconnaître nos péchés et implorer leur grâce, pour qu'ils cessent de nous attaquer. Moi-même, malgré tout le mépris que j'éprouve naturellement pour la moitié des dirigeants sionistes et de leurs adjoints, je n'aurais pas pu imaginer une telle servilité sans limite. Mais malgré cela, il faut se libérer du sentiment de dégoût pour examiner une fois de plus le fond de l'affaire.

---

[62] Publié sous le titre "La paix" dans *Rassviet*, 3 novembre 1929, Paris.

[63] Il s'agit des pogromes de 1929 qui firent des dizaines de victimes à Hébron et Jérusalem principalement. L'historiographie sioniste les désigne par l'expression d'"événements de 1929".

La paix avec les Arabes est certes nécessaire, et il est vain de mener une campagne de propagande à cet effet parmi les Juifs. Nous aspirons tous, sans aucune exception, à la paix. Et celle-ci règnerait déjà (une paix véritable), non pas sur le fondement d'un « amour » qui n'existe pas et qui ne peut exister, mais une paix fondée sur des éléments objectifs – si seulement le gouvernement d'Eretz-Israël[64] se comportait autrement. Si les Arabes constataient que l'Angleterre avait décidé de soutenir l'immigration juive et de ne permettre aucun acte de violence – s'ils le constataient concrètement, selon tous les signes tangibles de la « pratique » gouvernementale, alors la paix règnerait déjà. Les Arabes sont des gens suffisamment sensés pour ne pas espérer pouvoir renverser un mur de fer à mains nues, ou même armés de cannes. Si seulement ils pensaient que ce mur existe, et que c'est un mur de fer, s'ils le pensaient – nul parmi eux n'écouterait ceux qui incitent à la violence, et alors apparaîtraient à leur tête des gens modérés et paisibles. Et face à eux, il se trouverait également des gens modérés et paisibles – grâce à Dieu, en nombre important chez nous, au contraire, et même dans une mesure exceptionnelle pour notre époque – et nous parviendrons rapidement à un accord. Les Arabes recevraient alors la promesse de l'égalité des droits, du droit au travail, de l'autonomie culturelle, et de manière générale, tous les droits que nous nous efforçons

---

[64] Il s'agit de l'administration du Mandat britannique.

d'obtenir dans tous les pays. Et la paix règnerait alors.

Mais au lieu de cela, le gouvernement britannique s'est comporté en provocateur principal. Et c'est ainsi qu'il n'y a pas de paix.

B.

J'ai rencontré des dizaines de fois nos pacifistes, et à chaque rencontre je leur demande : comment se fait-il que vous ne prêchiez vos conceptions que parmi les Juifs ? Allez donc chez les Arabes, et allez savoir chez eux à quelles conditions ils accepteraient de faire la paix. Et je ne suis évidemment pas le seul à poser cette question, que tout le monde pose. Cependant ils s'entêtent et ne vont pas voir les Arabes. Plus encore, ils sont très offensés lorsque quelqu'un d'autre se rend chez les Arabes et leur expose les conceptions des pacifistes, en leur demandant leur avis. Il y a environ trois ans, Ernest Davis, correspondant d'un des journaux berlinois à Jérusalem, s'est rendu à la rédaction d'un journal arabe et a discuté avec le rédacteur en chef de ces propositions de paix. Il a retranscrit intégralement ses propres propos et la réponse du rédacteur en chef arabe. Les propos de M. Davis comportaient un exposé très précis de l'homélie des membres du « Brith Shalom » - précis et fidèle à tel point qu'aucun des organes de ce mouvement, en hébreu et en anglais, n'a pas pu y trouver – malgré tous leurs efforts – la moindre erreur. Pourtant, leur journal était plein de colère contre M. Davis. Pour quelle raison ? La paix serait-elle leur droit exclusif ? N'est-ce pas l'obligation d'un journaliste et reporter de vérifier quel est l'état d'esprit des parties ? Ils sont emplis de colère, parce que la réponse du rédacteur en chef arabe était claire : nous ne voulons pas la paix, tant que vous n'aurez pas renoncé à la Déclaration Balfour, et surtout – à l'émigration juive libre, non soumise à notre accord. Vous voulez conclure un accord de paix ? Eh bien, acceptez de soumettre tout ce qui existe dans le pays, et en particulier votre immigration, au contrôle d'un Parlement à majorité arabe. Alors, dans la mesure du nécessaire, nous autoriserons les Juifs à venir en Israël. Il n'existe aucune autre réponse chez les Arabes – ceux qui disent ce qu'ils ont sur le cœur – et on ne pourra pas non plus obtenir une réponse différente tant qu'existera le régime politique actuel en Israël. Nos pacifistes le savent bien, aussi ils n'osent pas discuter avec les Arabes.

C.

Dans le camp des « pacifistes », il existe trois groupes : le premier est celui des « Manilov »[65]. Ils sont persuadés que tout dépend de la question de savoir sur quel

---

[65] Personnage du roman de Gogol, *Les âmes mortes*, caractérisé par sa nonchalance, son hésitation et par son sentimentalisme.

ton nous parlerons aux Arabes. Si nous leur parlons sur un ton caressant, cordial et convaincant, alors les Arabes accepteront tout. Il suffit de leur expliquer que nous allons les enrichir, leur apprendre comment utiliser des tracteurs et les rapprocher de la culture, et de manière générale, nous ferons d'eux des êtres humains. Si nous parvenons à leur expliquer tout cela, ils acquiesceront de la tête et diront : c'est tout autre chose. S'il en est ainsi, alors venez s'il vous plaît, « Croissez et multipliez-vous et remplissez la terre[66] ». Cela sera particulièrement utile si nous leur enseignons également une leçon tirée des conceptions de Springer, dans les termes qui réjouissaient le cœur des élèves externes membres du défunt Bund ; *« la nation en tant que telle, n'a pas besoin de territoire. L'essentiel est l'autonomie personnelle »*. Et peu importe de savoir qui est la majorité et qui la minorité. Si seulement les Arabes comprenaient cette vérité (et si, dans le même temps, ils ne s'avisaient pas de demander : dans ce cas, pourquoi vous importe-t-il de créer une concentration juive en Eretz-Israël ?), alors la terre sainte deviendrait un monde festif, empli d'une farandole sans fin. Il ne vaut pas la peine d'examiner sérieusement les conceptions des « Malinov ». Il suffira de préciser une chose : cette conception repose sur un profond mépris, inconscient, envers les Arabes. Dans ce premier groupe, ce mépris est au niveau de l'inconscient. Dans leurs cœurs, profondément, ils sont convaincus de les respecter.

---

[66] *Genèse*, I-28.

Il existe un deuxième groupe, dont l'élément moteur est un mépris affiché pour mes Arabes. Son principal représentant nous a plus d'une fois déclaré : « Croyez-moi, nous avons le même objectif. J'aspire moi aussi à une majorité juive. Cependant, il vaut mieux présenter les choses de manière tout à fait différente. Si nous nous montrons généreux, nous trouverons des Arabes, y compris parmi les plus importants, qui attesteront à voix haute la véracité de nos propos apaisants. De la sorte, nous pourrons gagner du temps[67].

- Sois plus direct, lui demanderai-je, tu souhaites les tromper ?

- Pourquoi employer de tels mots ?

- Et tu penses qu'il est possible de faire croire cela à un peuple aussi intelligent que les Arabes et qu'ils le goberont ?

- Oui. Ils le goberont. Je les connais ! »

Il ne vaut pas non plus la peine de s'attarder sur la vision du monde de ce groupe.

---

[67] Jabotinsky fait apparemment allusion aux dirigeants du sionisme travailliste, qui aspiraient tout comme lui à instaurer une majorité juive, mais préféraient dissimuler leur objectif.

Et finalement, le troisième groupe...[68] Leur conception sur cette question est plus profonde. Ils comprennent qu'un langage délicat et une ruse provinciale ne servent à rien. C'est pourquoi ils proposent de consentir à des concessions importantes. De la sorte, nous ne deviendrons certes jamais la majorité dans le pays, c'est pourquoi il n'y a aucune logique à donner aux Arabes le contrôle de l'immigration juive. La première chose que nous devons faire, selon eux, est d'appuyer l'exigence arabe de créer en Eretz-Israël un authentique Parlement, avec bien entendu une majorité arabe, car ils sont majoritaires dans le pays. Il va de soi qu'ils auront alors le dernier mot pour décider combien de Juifs auront le droit d'entrer dans le pays. Une grande immigration sera impossible, mais ils autoriseront une immigration modeste, car ils n'auront plus peur de nous. Et cela nous suffit – c'est le point de départ de la philosophie, au nom de laquelle on couvre de honte la mémoire d'Ahad Aham (dont les conceptions n'avaient rien à voir avec celles-ci. Il concevait en effet un « centre spirituel » en Eretz-Israël disposant d'une majorité juive, comme le montre son article « Trois degrés »[69]).

---

[68] L'auteur vise ici les membres du "Brith Shalom", mouvement pacifiste qui prétendait remettre en cause les principes fondateurs du sionisme politique en revendiquant un État binational judéo-arabe. Parmi ses membres figuraient Martin Buber, Hugo Bergmann ou Gershom Scholem.
[69] Ahad Aham, "Questions actuelles", *Hashiloah* avril 1898.

Si les deux premiers groupes sont simplement des « vautours », je ne dirais pas la même chose du troisième. Il est possible de trouver un compromis avec les Arabes sur de tels fondements. Une immigration modeste, dans la mesure où elle ne peut pas influer sur le caractère national du pays – même l'Amérique pédante l'autorise[70]. Et cela comporte un autre avantage pour les Arabes, sous la forme d'une éventuelle « dot » d'un million de lires pour chaque groupe de cent immigrants juifs, en vue de la « construction "[71]. Il ne fait pas de doute que les Arabes l'accepteront. Si les deux premiers groupes n'osent pas se confronter aux Arabes, car ils savent parfaitement qu'il n'existe aucune chance pour qu'ils acceptent leurs plans et que le refus arabe est inévitable, le troisième groupe n'ose pas pour une raison différente. Ils craignent que les Juifs ne se mettent à crier tous d'une voix : « Jamais ! ». Il est évident qu'ils le feront.

---

[70] Allusion aux lois restreignant l'immigration adoptées par le Congrès américain en 1921 et 1924, dont les premières victimes furent les Juifs d'Europe centrale.

[71] L'immigration juive en Eretz-Israël demeura ouverte jusqu'à la fin des années 1930 aux Juifs répondant à la définition de "détenteurs de capitaux", selon les lois mandataires en vigueur. Entraient dans cette catégorie celui qui détenait au moins 1000 Livres Sterling.

Or voilà que ces trois groupes de « pacifistes » se démènent, en faisant du sur place. Il s'agit du phénomène le plus inutile et le plus vain de tous les phénomènes de débauche spirituelle que nous connaissons.

D.

J'ai montré le contenu de ce qui précède à une de mes connaissances, qui n'est pas affilié à aucun parti, et il m'a demandé : « Mais peut-être peut-on vraiment gagner du temps si nous acceptons de « ne pas être avares », selon l'expression fameuse de Jésus[72]? Car même quelques années seraient un repos appréciable. Encore 30, 40 et peut-être 100 000 Juifs, encore une série de nouveaux *moshav*, de quartiers juifs, tout cela est très important. Parviendras-tu à jouer le jeu depuis ton exil ? »

Cette question est sérieuse, et le moment est venu de lui donner une réponse franche. Oui, je « découvre mon jeu » bien volontiers, car ce jeu est dangereux pour nous, et qu'il faut faire tous nos efforts pour qu'il ne puisse pas se poursuivre.

---

[72] L'auteur désigne Jésus par l'expression traditionnelle "cet homme", employée pour ne pas le désigner par son nom.

Tout d'abord, la poursuite du système existant renforce nos concurrents bien plus qu'elle ne nous renforce. Tous les propos doucereux de nos pacifistes contiennent une vérité, à savoir que nous enrichissons bien les Arabes, à tous les sens du terme. Non seulement nous faisons couler un flux d'argent dans leurs poches pour chaque chose : depuis la moindre parcelle de terre jusqu'aux radis et au raifort, mais nous payons aussi par le biais de nos impôts les dépenses de leurs écoles, à la ville comme à la campagne. Il est vrai aussi que nous leur enseignons des méthodes d'agriculture modernes. Nous leur apprenons comment veiller à leur santé, ce qui influe sur la démographie de la population arabe. Ils déambulent dans les stands de nos expositions, observent notre industrie, et d'ici un an ils se mettront à construire par eux-mêmes des usines du même type. Il leur est plus facile d'obtenir des capitaux ; ils arriveront d'eux-mêmes, car ils recourent à une main d'œuvre bon marché. Et enfin, nous suscitons chez eux, de par l'exemple que nous leur montrons, leur sentiment national. Leur jeunesse s'efforce d'imiter nos pionniers et aussi les membres de nos bataillons[73], ainsi que Trumpeldor – mais dans le sens des intérêts arabes.

---

[73] Les bataillons juifs créés par Jabotinsky et Trumpeldor au sein de l'armée britannique pendant la Première Guerre mondiale.

Tout cela est bien beau en soi. Nous avons toujours voulu n'être pas seulement des habitants en Eretz-Israël, mais aussi des porteurs de culture. Cependant tout cela nous aurait suffi, si nous nous développions avec un rythme suffisant. Mais ce n'est pas le cas. L'immigration est au point mort, et elle le demeurera, si le système de gouvernement existant ne change pas. Et notre rival se renforce tant sur le plan matériel que sur le plan spirituel - et dans ls deux cas, à nos dépens. Dans ces conditions, tout cela n'est pas rentable. Le jeu n'en vaut pas la chandelle, et il est inutile de mentir, ni même « de ne pas être avare ».

Cependant, tout cela n'est pas l'essentiel. L'essentiel, comme toujours, comme à chacune des étapes du sionisme, est l'élément politique. Que la nouvelle d'un accord entre les Juifs et les Arabes soit seulement annoncée dans le monde, fut-ce un accord de paix désavantageux pour les deux parties, et dès le lendemain nous verrons un parlement avec une majorité arabe en Eretz-Israël, et nous aurons tout perdu. Notre unique argument à l'encontre du parlement, c'est-à-dire à l'encontre de la remise du pouvoir en Eretz-Israël aux Arabes, est le fait que les Arabes s'opposent à nous, et qu'ils s'opposent aux droits qui nous ont été octroyés par le Mandat. Mais si nous déclarons, de notre propre initiative, que nous avons conclu la paix, à savoir qu'ils nous ont apaisés et que nous ne craignons plus qu'ils nous oppriment, alors nous n'aurons plus la moindre possibilité de lutter contre un parlement à majorité arabe, qui sera compétent pour contrôler l'immigration (à défaut de quoi les Arabes n'accepteront aucun compromis). C'est la raison pour laquelle toutes ces paroles concernant la paix, tous ces slogans que notre prophète avait déjà compris la nature : « Paix, paix ! Alors qu'il n'y a point de paix »[74] ne sont pas seulement une anarchie de la pensée, mais aussi une trahison.

Nous aspirons tous à la paix avec les Arabes. Mais nous ne pouvons pas en payer le prix par ces concessions que les Arabes exigent. Il faut en tenir compte. C'est pourquoi l'unique voie pour parvenir à la paix véritable, à savoir pour instaurer la sécurité en Israël et pour empêcher les actes de violence, est de préserver concrètement l'ordre dans le pays. Cela concerne Londres, cela concerne l'offensive politique – et il n'existe pas d'autre voie.

---

[74] *Jérémie*, 6-14.

TABLE DES MATIERES

Préambule 7

À propos du mur de fer (Les Arabes et nous) 27

La morale du Mur de Fer 41

Le conflit n'est pas religieux 53

Le problème arabe dédramatisé 65

Réponse à nos pacifistes 81

© Editions L'éléphant 2022

La Bibliothèque Sioniste

Déjà parus :

Vladimir Jabotinsky, *La rédemption sociale, éléments de philosophie sociale de la Bible hébraïque.*

Vladimir Jabotinsky, *Etat et religion, Questions autour de la tradition juive.*

Golda Meir, *La maison de mon père. Fragments autobiographiques.*

Vladimir Jabotinsky, *Le mur de fer. Les Arabes et nous.*